www.tredition.de

AF203078

Nadine Kühn

Abenteuer Mama-Sein

So bleibst du in Balance

www.tredition.de

Verlag und Druck: tredition GmbH, Halenreie 40-44, 22359 Hamburg

ISBN
Paperback: 978-3-7482-9862-5
e-Book: 978-3-7482-9864-9

Covergestaltung: Torsten Knoche

Lektorat: Björn Schäfer

Bibliografische Information der Deutschen Nationalbibliothek:

Die Deutsche Nationalbibliothek verzeichnet diese Publikation in der Deutschen Nationalbibliografie; detaillierte bibliografische Daten sind im Internet http://dnb.d-nb.de abrufbar.

Haftungsausschluss

Alle Tipps und Techniken in diesem Buch wurden von der Autorin sorgfältig ausgewählt und getestet. Es gibt keine Erfolgsgarantie. Jede Person übernimmt Verantwortung für ihr Handeln. Eine Haftung der Autorin für Personen-, Sach- oder Vermögensschäden ist daher ausgeschlossen. Dieses Buch beinhaltet viele Anregungen und Tipps, um sich den Alltag erleichtern zu können. Diese ersetzen aber keine medizinische oder psychologische Behandlung, sofern diese erforderlich ist.

Urheberrechtshinweis

Für meine Eltern

„Das Geheimnis vom Glück ist, das Besondere im Alltäglichen zu entdecken."

– Maxim Mankevich

Inhalt

Vorwort der Autorin

Schön, dass du da bist und dieses Buch in den Händen hältst. Dieses Buch ist für dich und all die anderen starken Mamas dieser Welt, die manchmal vergessen, wie wunderbar sie eigentlich sind.

Ich habe dieses Buch geschrieben, weil ich eine Lücke schließen möchte, die schon viel zu lange existiert und die sich seit ein paar Jahren immer weiter auszudehnen scheint. Die uns und unseren Kindern eine große Portion Lebensfreude vorenthält, weil Frauen nicht ausreichend auf ihr Leben mit Kind vorbereitet und unterstützt werden. Es gibt ein altes Sprichwort, demzufolge man zum Aufziehen eines Kindes ein ganzes Dorf benötigt. Früher, als häufig drei oder vier Generationen unter einem Dach lebten, war das auch annähernd so möglich. Heute steht so manche Mutter allein auf weiter Flur und genau hier möchte ich ansetzen.

Ich wünsche mir, dass jede Frau, die Mutter wird oder schon geworden ist, auf dem Weg in ihre neue Rolle (besonders im Laufe der ersten, sehr intensiven Lebensjahre ihrer Kinder) eine mentale Unterstützung bekommt.

Ich möchte, dass du die Zeit mit deinem Kind voll und ganz genießen kannst, ohne dich innerlich zu zerreißen und deine Lebensträume zu begraben. Aus eigener Erfahrung kann ich sagen, dass die Zeit mit meinen Kindern die bisher lehrreichste und wertvollste Zeit meines Lebens war, die bis heute anhält. Wahrscheinlich, weil ich mir im Laufe der letzten Jahre all das Handwerkszeug angeeignet habe, das mir auch in schwierigen Situationen so gut geholfen hat und natürlich, weil ich meine Prioritäten verändert habe. In diesem Buch habe ich für dich all das gesammelt, was dir helfen kann, in Balance zu bleiben.

Als werdende Mutter wird man von überall her gut auf die anstehende Geburt vorbereitet. Man weiß, wie man wickelt und wie ein Kind optimal versorgt wird, bekommt viel Anleitung und Unterstützung und kennt sich nach einiger Zeit bestens mit Babynahrung, Spielzeug und Co. aus, entwickelt einen Radar, mit dem man in fremder Umgebung in Null-Komma-Nichts Gefahrenquellen ausmachen kann und wird zur Expertin in Sachen Erziehungsfragen. Nur eines - oder vielmehr eine - kommt viel zu kurz. Du! Je nach Persönlichkeit macht sich nach wenigen Wochen oder vielleicht auch erst ein paar Jahren das Gefühl breit, etwas verpasst zu haben oder komplett an den eigenen Bedürfnissen vorbei gelebt zu haben. Die daraus resultierende Unzufriedenheit wirkt sich nicht nur auf den Umgang mit deinen Kindern aus, nein, viel schlimmer lehrst du deine Kinder, dass es nicht wichtig ist, auf die eigenen Bedürfnisse zu hören und auf sich zu achten. Deine Beziehung leidet, weil deine Energie irgendwo zwischen Arbeit, Wickeltisch und Wäschekorb verloren gegangen ist und du kein Ohr und keine Zeit mehr für deinen Partner hast. In genau diese Falle tappen so viele Mütter und ich wünsche mir für dich, dass du einen großen Bogen um all diese Fallstricke machst. Ich wünsche dir, dass du Tag für Tag mit Freude an deine Herausforderungen gehen kannst, dass du jeden Tag, der dir mit deinen Kleinen geschenkt ist, mit Dankbarkeit annimmst, auch wenn es manchmal stressig ist oder dich fast in den Wahnsinn treibt. Ich möchte dir mit diesem Buch nicht nur in vielerlei Hinsicht die Augen öffnen, sondern dir auch mit begleitenden Coachingübungen zeigen, wie du in deiner Kraft bleibst, deinen Akku schnell wieder aufladen und deinem Weg folgen kannst.

Ich wünsche mir für dich, dass du die wichtigsten Jahre mit deinen Kindern nicht vor lauter Stress und Arbeit verpasst und es später bereust. Stelle noch heute die Weichen neu und erlaube dir selbst, ein erfülltes und glückliches Leben zu führen.

Das, wonach ich mich nach der Geburt meiner beiden Söhne so oft gesehnt habe (Zeit für mich, Ruhe, Entspannung, Seele baumeln lassen, mich weiterentwickeln), hat sich erst eingestellt, als ich meinen Kurs geändert und aufgehört habe, gegen Windmühlen zu kämpfen. Als ich mich voll und ganz auf meine Kinder eingelassen, Muster durchbrochen, auch mal spontan Pläne geändert habe und auf Vorschläge meiner Kinder eingegangen bin (z.B. bei Sonnenschein statt mit dem Auto mit beiden Kindern mit dem Fahrrad zur Kita zu fahren, auch wenn es doppelt so lang dauert). Das Leben in vollen Zügen genießen, präsent sein im Moment, immer öfter bewertungsfrei durchs Leben gehen mit einem offenen Herzen und gleichzeitig Schritt für Schritt in Richtung meiner Berufung laufen. All das durfte ich von meinen Kindern wieder lernen. Das ist für mich das größte Glück und hat mir rückblickend den größten Fortschritt in meinem Leben gebracht. Auch ein vermeintlicher beruflicher Rückschritt kann sich als glückliche Fügung erweisen. Heute gehe ich viel bewusster durch den Tag, habe einiges aufgeräumt, was mir nicht gutgetan hat und mich von Menschen verabschiedet, die nicht zu mir/ zu uns passen. Seitdem hat sich so vieles geändert. Ich bin stolz und froh, dass ich einen mitunter sehr anstrengenden Weg gegangen bin, der mich aber dahin gebracht hat, wo ich heute stehe. Ich möchte dir gerne die Abkürzung zeigen und dich auf diesem Weg unterstützen.

Wenn du Fragen oder Anregungen hast, freue ich mich sehr über eine Nachricht von dir.

Schreibe mir gerne an:

info@nadinekuehncoaching.de

Wie du mit diesem Buch arbeiten kannst

Da du dich für dieses Buch entschieden hast, gehe ich davon aus, dass du es im Alltag gerne etwas unkomplizierter und entspannter haben möchtest. Natürlich können wir jetzt nicht gemeinsam zaubern, aber wir können dich Stück für Stück auf den Weg bringen, damit du schon bald gelassen und glücklich auch durch stürmische Zeiten gehen kannst.

Wie kannst du dieses Buch für dich am besten nutzen? Wenn du magst, liest du es einfach von Anfang bis Ende durch und nimmst dir zwischendurch immer ein wenig Zeit, um die Übungen auszuprobieren und die Tipps und Tools umzusetzen.

Kaufe dir bitte ein schönes Buch mit leeren Seiten, dein sogenanntes Schatzbuch oder Glückstagebuch (dazu später mehr). In dieses Buch kannst du deine Ergebnisse, Ziele und Pläne eintragen und dir auch notieren, was dir wichtig ist und was du auf jeden Fall in Erinnerung behalten möchtest. Im Buch selbst findest du immer wieder Platz zum Eintragen. Du entscheidest, wo du deine Aufzeichnungen machst.

Wenn du im Moment noch keine Ruhe hast, dich dem kompletten Buch zu widmen, dann steige doch einfach beim Kapitel „Coachingtools für stürmische Zeiten" ein. Hier findest du viele Tipps und Tools, für Situationen, in denen es mal wirklich brennt. Quasi einen Erste-Hilfe-Koffer. Dieses Buch ist so gestaltet, dass man es auch mit wenig Zeit gut nutzen kann, um Stück für Stück weiterzukommen und sich immer mal wieder Anregungen zu holen.

Was ich mir von dir wünsche ist, dass du 1. bereit bist, eine Veränderung in deinem Leben zu bewirken, denn das ist die Grundvoraussetzung dafür, dass sich etwas zum Positiven wendet und 2., dass du dranbleibst und dich von kleinen Rückschlägen nicht entmutigen lässt. Niemand ist perfekt und keiner macht immer alles richtig. Jede Veränderung ist ein Prozess. Und dieser braucht Zeit. Es lohnt sich! Du wirst merken, dass sich schon nach kurzer Zeit erste Resultate zeigen und sich auch dein Umfeld mit dir verändern wird. Du kannst gespannt sein und dich jetzt schon freuen!

Ein Einstieg zum Nachdenken

Lebst du schon oder funktionierst du noch?

Genießt du die Zeit mit deinen Kindern, oder hüpfst du von einem Termin zum anderen und versuchst, alle Bälle in der Luft zu halten, um am Abend erschöpft auf das Sofa zu fallen?

Wann hast du zum letzten Mal durchgeatmet und gedacht – hach, das Leben ist einfach schön?

Wann hast du zum letzten Mal in Ruhe auf der Terrasse oder dem Balkon gesessen und eine Tasse Kaffee getrunken - ohne schlechtes Gewissen?

Und hast du dir schon einmal Zeit genommen, um eine Bestandsaufnahme von deinem Leben zu machen? Wo stehst du? Wo willst du hin? Bist du auf deinem Weg und genießt du dein Leben?

„Wir leben als würden wir nie sterben, wir sterben als hätten wir nie wirklich gelebt."

– Dalai Lama

Diese Worte haben mich vor einigen Jahren sehr nachdenklich gemacht und ich habe daraufhin ein paar Dinge in meinem Leben verändert.

Für eine Zeit lang weniger Arbeit, viel mehr Raum für die Familie, Zeit für Dinge, die mir Spaß machen, anderen

Menschen helfen, schöne Momente, unvergessliche Sommertage und die Vorfreude auf all das, was kommt. Und ja, ich verzichte dafür auch auf Dinge. Ich kaufe mir weniger von den Dingen, die für mich früher selbstverständlich waren. Das war eine bewusste Entscheidung für mehr Zeit und mehr Lebensqualität. Und bisher fehlt mir nichts. Im Gegenteil.

Ein Bekannter von mir ist letztes Jahr morgens nicht mehr aufgewacht. Ohne bekannte Vorerkrankung. Einfach so. Sein Herz hat aufgehört zu schlagen. Damit möchte ich dir keine Angst machen. Ich möchte dich aber ermutigen, dir deine aktuelle Situation genau anzusehen und dir die folgenden Fragen zu beantworten:

- Was machst du mit deiner Zeit?
- Mit <u>wem</u> verbringst du deine Zeit?
- Welche Qualität haben deine Beziehungen?
- Wofür schlägt dein Herz?
- Bist du auf deinem Weg, mit dem du deine Lebensziele erreichen kannst?
- Wie glücklich bist du aktuell?

Überlege dir jeden Morgen, was aus dem heutigen Tag einen erfüllten Tag machen könnte.

Vera F. Birkenbihl [1] hat einmal gesagt, dass sie sich bei einem neuen Auftrag immer fragen würde, ob sie diesen

---

[1] Management- und Motivationstrainerin, 1946-2011

auch annähme, wenn sie wüsste, dass es ihr letzter Tag wäre. Danach würde sie entscheiden, ob sie zusagt und den Vortrag hält oder nicht. Ich habe Gänsehaut bekommen.

Verbringst du auch noch Zeit mit Menschen, die dir nicht guttun, weil du nicht Nein sagen kannst und diese Leute deine Grenzen nicht respektieren?

Vernachlässigst du auch immer wieder dich und deine Familie, um anderen Leuten einen Gefallen zu tun?

Rast du auch durch den Tag, versuchst allem und jedem gerecht zu werden, weil „man" das so macht und es deine „Pflichten" sind?

Viele arbeiten jeden Tag Stunde um Stunde in einem Job, den sie nicht mögen. Sie funktionieren wie kleine Roboter und ihre Träume sterben dabei jeden Tag ein kleines Stück mehr. Sie arbeiten oft so viel, dass am Ende des Tages kaum noch Energie bleibt, die freie Zeit zu genießen, sich um die Kinder zu kümmern, Hobbys nachzugehen und Freunde zu treffen. Würde man nicht mit etwas weniger genauso gut ausgekommen, wenn es möglich ist, ein paar Stunden reduzieren und einfach mehr zu leben? Worauf kommt es wirklich an? Dickes Auto, Markenklamotten und Luxushotels oder Lachen, Bewegung, Natur, glückliche Gesichter und unvergessliche Lebensmomente?

In Skandinavien experimentieren immer wieder Firmen mit dem 6-Stunden-Tag. Zum Beispiel die Firma Toyota in Göteborg. Das Ergebnis: Steigender Umsatz bei täglich zwei Stunden weniger Arbeitszeit und gleichem Gehalt[2]. Wissenschaftler haben herausgefunden, dass durch diese Arbeitszeitmodelle nicht nur die Motivation steigt, sondern auch viel weniger Krankschreibungen eingereicht werden. Das nenne ich Work-Life-Balance!

Ein Traum, wenn man in einer dieser Firmen arbeiten kann. Wenn nicht, gibt es für dich vielleicht die Möglichkeit, zumindest zeitweise zu reduzieren, gerade in der Rush-Hour des Lebens, wenn die Kinder klein sind oder die eigenen Eltern Hilfe brauchen, weil sie den Alltag nicht mehr allein bestreiten können?

John Strelecky schreibt in seinem Buch „The Big Five for Life"[3] sinngemäß, dass man sich vorstellen soll, dass von jedem Tag ein Foto im Museum des Lebens aufgestellt wird.

Welche Bilder sollen in deinem Museum stehen?

---

[2] Artikel in der WAZ vom 3.2.2018
[3] dtv Verlagsgesellschaft, 13. Auflage, Februar 2009

Vorher-Nachher

Eines meiner Lieblingsbücher ist „The Big Leap" von Gay Hendricks[4]. Hendricks vertritt die These, dass dir das Universum deinen Weg mit der Sanftheit einer Feder zeigt. Wenn du nicht reagierst, kommt der Hinweis mit der Wucht eines Vorschlaghammers. Ich habe die Feder lange ignoriert, weil ich felsenfest davon überzeugt war, dass ich „alles" schaffen kann und dass nach der Geburt meiner beiden Söhne alles so weiterläuft wie bisher: Auf allen Ebenen 100% Leistung geben, gut gekleidet und top gepflegt sein, ein Haus mit einem Vorzeigegarten, eine harmonische Beziehung und, und, und. So schwer kann das doch nicht sein...und dann kam der Vorschlaghammer und hat mich auf den Boden der Tatsachen befördert.

Ich war plötzlich ständig krank und konnte trotz meines doch sehr starken Willens nicht mehr annähernd das erledigen, was ich geglaubt habe schaffen zu müssen. Dazu kommt, dass meine Kinder sehr sensibel darauf reagiert haben, wenn mich etwas beschäftigte. Je mehr ich ruderte und mich verausgabte, weil die Dinge nicht so liefen, wie sie laufen sollten, desto häufiger meldeten sich meine Kinder. Es hätte eine wirklich harte Zeit werden können, wenn nicht mein tolles Umfeld in Gestalt meines Mannes und meiner Eltern an meiner Seite gewesen wäre und mein größtes Geschenk, meine Ausbildungen in Persönlichkeitsentwicklung und positiver Psychologie.

---

[4] Harper Collins, 1. Auflage, 2009

Ich habe vor einigen Jahren den Entschluss gefasst, für all das, was aktuell in meinem Leben ist, Verantwortung zu übernehmen. Ich bin wacher geworden für meine Bedürfnisse und die meiner Familie und ich achte besser auf mich. Mittlerweile kann ich sehr gut priorisieren und wie es ein chinesisches Sprichwort empfiehlt, lasse ich ohne den leisesten Anflug eines schlechten Gewissens einen riesigen Berg Abwasch zurück, wenn draußen die Sonne scheint und ein Regenbogen zu sehen ist, den ich mit meinen Jungs bestaunen kann. Dieser wartet nicht, bis der Abwasch erledigt ist, der Abwasch dagegen schon…

Kein Mensch bereitet dich darauf vor, wie es ist, wenn dein Kind auf der Welt ist. Kein Mensch sagt dir, welchen Wandel es bedeutet, und dass hinterher kein Stein mehr auf dem anderen steht; mit allen wunderbaren Höhen und natürlich auch den herausfordernden Tiefen.

Ein „Genießt die Ruhe und geht nochmal zusammen ins Kino" wird einfach so weggewischt, weil die Vorfreude auf die langersehnte Ankunft des Babys so groß ist.

Liebe Mama, ich freue mich, dass dieses Buch den Weg in deine Hände gefunden hat, denn die Auseinandersetzung mit dir selbst und deinen eigenen Themen ist der erste Schritt in ein erfüllteres und entspannteres Leben.

Du wirst lernen, dich von Erwartungen anderer frei zu machen, achtsam für deine eigenen Bedürfnisse zu werden und am allerwichtigsten: im Hier und Jetzt zu leben. Denn wir haben in dieser Form nur das eine Leben und es ist viel zu schade, um es mit Meckern, Schimpfen, Hadern und mieser Laune zu verbringen. Und das Beste: Du bekommst eine breite Palette an Tipps und Tools, die du sofort anwenden kannst und die dich zuverlässig auch durch die stürmischsten Zeiten navigieren.

Na dann mal los!

Zunächst lade ich dich ein, eine Bestandsaufnahme deiner aktuellen Lebenssituation zu machen. Das - wie ich es nenne - Balance-Barometer. Die folgenden Fragen in der Grafik werden dir deutlich zeigen, an welchen Stellen es aktuell Handlungsbedarf gibt.

Wenn du diese Übung nach ein paar Wochen erneut machst, kannst du direkt sehen, in welchen Bereichen sich schon eine Erleichterung oder Verbesserung ergeben hat - gewissermaßen eine Erfolgskontrolle.

Trage bitte auf der jeweiligen Skala von 1-10 ein, wie gut es dir geht oder wie zufrieden du gerade mit diesem Lebensbereich bist! Mache an der entsprechenden Stelle ein Kreuz. Danach machst du bitte an der Stelle ein Kreuz, an der du dich gerne befinden würdest!

Wenn du das Buch durchgearbeitet hast, kannst du mit Hilfe der vielen Anregungen und Hilfen eine Liste der Dinge erstellen, die dich auf deinem Weg weiterbringen, damit du dein Ziel erreichst und dein Balance-Barometer ausgeglichen ist.

Bitte beurteile auf einer Skala von 1-10:

Mein aktuelles Energielevel

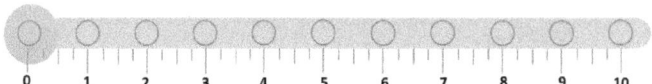

Mein aktueller Gemütszustand – so geht es mir gerade

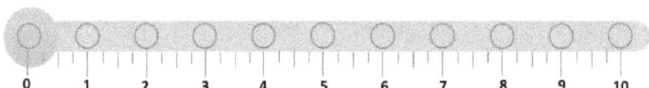

Mein aktuelles Gesundheitslevel – so fit fühle ich mich

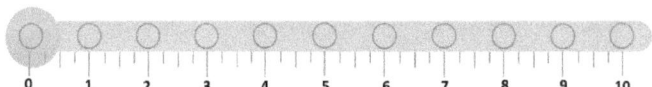

Wie harmonisch ist das Verhältnis zu meinen Kindern?

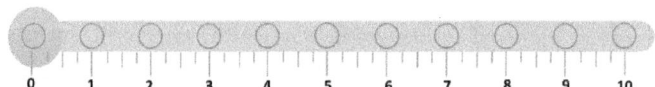

Wie harmonisch ist das Verhältnis zu meinem Partner?

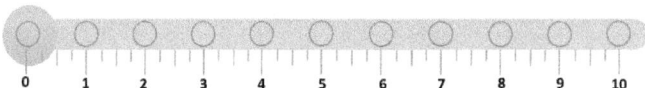

So zufrieden bin ich mit meiner beruflichen Situation

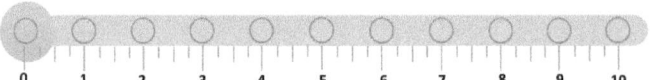

Mein Ausgleich (Hobbys, Freunde, Sport)

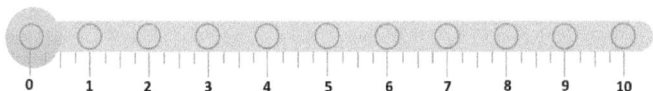

Mein Rückhalt – so viel Unterstützung habe ich:

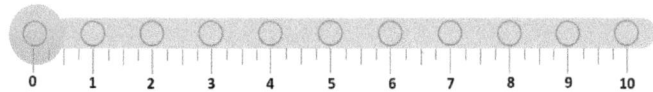

Abbildung 1: Balance-Barometer

Wie du mit dem Balance-Barometer weiterarbeiten kannst, erfährst du im Anhang. Das hat aber Zeit. Im Moment sind nur deine aktuelle Einschätzung und dein Ziel wichtig.

Perfektionismus – Raus aus dem Hamsterrad

Die Grundvoraussetzung für ein erfülltes Leben als Mama ist, dich vom Perfektionismus zu verabschieden.

Wahrscheinlich kommt dieser von all den Erwartungen deines Umfeldes, die auf dich einprasseln oder von Glaubenssätzen (tiefliegende Überzeugungen), die du -unter anderem- aus deiner Familie mitbekommen hast wie z.B. „das Haus muss immer ordentlich hinterlassen werden" oder „eine Mutter darf dies und das nicht tun". Man muss, man sollte, das gehört sich so…Vielleicht kommt dir das bekannt vor.

Du kannst nicht alles perfekt machen und wenn wir mal ehrlich sind, ist perfekt doch ziemlich öde, oder?

Früher hat es mich extrem gestresst, wenn bei uns Unordnung war und spontan Besuch vorbeigekommen ist. Heute weiß ich, dass es bei allen anderen Familien mindestens genauso „schlimm" aussieht und dass es für unsere Freunde viel wertvoller ist, auf eine entspannte Gastgeberin zu treffen als auf eine, die Stress macht, wie Hammy bei „Ab durch die Hecke" durch die Wohnung rast und versucht, schnell noch etwas aufzuräumen und dabei alle mit ihrer Unruhe ansteckt. Ich habe gelernt, mit einer Tasse Kaffee mitten im Chaos zu sitzen und mir mit einem Lächeln die Fingerabdrücke meiner Kinder an der Fensterscheibe anzuschauen.

Morgen ist auch noch ein Tag und dann kommen noch ein paar Abdrücke dazu, dann lohnt sich das Fensterputzen noch mehr. ;-)

Die Menschen, die dich besuchen, kommen wegen dir bzw. wegen euch und nicht, weil sie ein Musterhaus besichtigen wollen. Und vielleicht denken sie beim Anblick eines riesigen Spielzeugberges auch „Gott sei Dank, bei anderen sieht es genauso oder noch viel chaotischer aus, dann kann ich mich ja auch entspannen" und es geht ihnen schlagartig besser. Ich finde, die Zeiten, in denen man anderen etwas vormachen musste, sind vorbei. Zeigen wir doch lieber mehr von uns und hören auf an der Perfektionsschraube zu drehen. Vor diesem Hintergrund sehe ich auch die sozialen Netzwerke sehr kritisch. Aber dazu später mehr…

Schauen wir uns zunächst einmal an, woher deine hohen Ansprüche kommen:

Bitte nimm dir ein Blatt Papier und schreibe einmal auf, was dir zu den folgenden Fragen in den Sinn kommt!

Wenn du weißt, welche deiner Überzeugungen dir möglicherweise nicht mehr nützlich sind, kannst du sie prüfen, danach gegebenenfalls über Bord werfen und dich für eine neue Sichtweise entscheiden. Die Entscheidung liegt jeden Tag bei dir. Packen wir es an!

1. Was glaube ich, was ich tun sollte?
2. Welche Glaubenssätze habe ich über mich als Mutter, über meine Arbeit, meine Beziehung, über meine Kinder?
3. Wer sagt das? Von wem hast du das gelernt? Ist es dir heute noch nützlich/ hilfreich?

Sammele an dieser Stelle all deine Glaubenssätze, die dich schwächen. Du kannst später im Buch mit einer sehr wirkungsvollen Methode damit weiterarbeiten. (Kapitel „Wie dein Akku lange voll bleibt – Tipp 8)

„Nimm dein Leben in die Hand. Sonst werden es andere für dich tun." – Verfasser unbekannt

Das böse Wort mit K...Karriereknick?

Du bist nach wie vor glücklich in deinem Job, wirst familiär und von deinem Unternehmen gut unterstützt und es läuft alles super easy? Dann herzlichen Glückwunsch! Das ist hervorragend und wirklich ein Privileg, denn bei den meisten läuft es nicht ganz so rund. Du kannst dieses Kapitel – wenn du magst – überspringen und dich einfach glücklich schätzen, oder du liest weiter und ziehst vielleicht doch noch die ein oder andere Anregung für dich heraus. Die Tipps am Ende sind für alle. Feel free ;-)

Aber zurück zum Thema Karriereknick...

Allein zu diesem Thema könnte ich wahrscheinlich ein ganzes Buch füllen. Das Salz in der Wunde jeder Mutter, die sich auch beruflich verwirklichen möchte und ihren Beruf liebt, aber nicht so kann, wie sie gerne würde.

Wenn du nicht gerade zu den Frauen gehörst, die in einem sehr familienfreundlichen Unternehmen arbeiten, wird das Thema Karriereknick wahrscheinlich auch dich betreffen. Was habe ich mich schwergetan, wie viele Stunden habe ich selbst damit verbracht, mich zu ärgern, aufzuregen, einen Schuldigen zu suchen, um am Ende frustriert und natürlich ohne Lösung dazusitzen. Meine berufliche Laufbahn gestaltete sich bis zu meiner Familienphase so, wie ich mir das gewünscht hatte. Ich habe in verschiedenen Städten gelebt, war in vielen unterschiedlichen Aufgabenbereichen tätig, habe Vieles ausprobieren, Neues lernen können und zum Schluss meine Traumarbeitsstelle bekommen, bei der ich sehr viele Freiheiten und Verantwortung hatte, reiste, Gutes tun und Menschen weiterbringen konnte. Ich hatte in dieser Zeit fast nie das Gefühl, arbeiten zu müssen und habe alles mit viel Freude und Engagement erledigt. Als sich dann mein erster Sohn ankündigte, musste ich die Reisetätigkeit einstellen und entschied mich, gemeinsam mit meinem Mann aus dem Rhein-Main-Gebiet zurück in meine schöne, eher ländliche Heimat zu ziehen. Für die Familie, die Kinder, die Großeltern eine wunderbare Entscheidung, weil es hier um uns herum alles gibt, was man sich nur wünschen kann. Seen, tolle Wälder, Skigebiete um die Ecke, niedrige Grundstückspreise und, und, und. Meine Arbeitsstelle musste ich aber zurücklassen.

Die Arbeitsmöglichkeiten, die sich für mich nach meinem Jahr Elternzeit vor Ort boten, haben mich nicht wirklich erfüllt. Zwar hatte ich tolle Kollegen, einen sehr kurzen Arbeitsweg und eine gute Vergütung, aber die Aufgabe lag mir nicht und ich bin einfach nicht glücklich gewesen. Zwei Anläufe habe ich gewagt – auch nach der Elternzeit mit meinem zweiten Sohn -, bis ich dann schließlich die Reißleine gezogen habe. Meine Kinder haben mir zudem auch mehr als deutlich gezeigt, dass es einfach nicht funktionierte.

Ich habe damals die Entscheidung getroffen, mein Glück selbst in die Hand zu nehmen, ich habe nach und nach meine NLP-Ausbildungen[5] und meine Coachingausbildung absolviert und mich als Coach und Trainerin selbständig gemacht. Dies war rückblickend eine der besten Entscheidungen meines Lebens, weil ich gerade jetzt, wo die Kinder noch so klein sind und sie mich am meisten brauchen, absolut flexibel und familienfreundlich arbeiten kann. Ich bin auf meinem Weg und glücklich mit dem, was ich tue. Vielleicht ergibt sich in der Zukunft bei meinem früheren Arbeitgeber wieder eine Chance in einem anderen Bereich, in dem ich all mein Wissen rund um das Thema Coaching, Beratung und Kommunikation einbringen kann – jetzt ist wohl noch nicht der richtige Zeitpunkt. Denn wenn es so gekommen wäre, wäre dieses Buch wahrscheinlich nie entstanden. Es gibt immer einen Grund…

Was ich mit meiner Geschichte sagen möchte, ist, dass die Familienphase eventuell Türen schließt, auf der anderen Seite aber auch wieder Türen öffnet. Vielleicht sind es genau die Monate oder Jahre, die du zu Hause oder mit reduzierter Stundenzahl verbringst, die dich letzten Endes genau dorthin bringen, wo du hinmöchtest.

---

[5] NLP steht für Neurolinguistisches Programmieren und umfasst ein breites Spektrum an Techniken und Sprachmodellen, mit denen du deine Kommunikation verbessern, deine Wahrnehmung schärfen und dein Potential optimal entfalten kannst.

Wenn du tust, was du liebst, öffnen sich Türen, von denen du nicht wusstest, dass es sie gibt.

Du musst nur bereit und offen dafür sein, andere Wege zu gehen. Vielleicht hast du auch wie ich damit gerechnet, dass alles so weiterläuft wie bisher. Du bleibst ein Jahr zu Hause, steigst dann wieder in den Job ein und alles läuft rund, bis du feststellst, dass deine Kinder mehr Zeit mit dir brauchen, dass sie ständig irgendwelche Krankheiten aus dem Kindergarten mitbringen und nachts nicht so schlafen, dass du tagsüber deine volle Leistung bringen kannst. So viele Mütter reiben sich tagtäglich auf und jonglieren mit allen (angeblichen) Notwendigkeiten und Erwartungen, leider sehr oft auf ihre Kosten und auf die der Kinder.

Gemeinsame Lebenszeit ist das Wichtigste, was ihr habt. Nicht das Geld. Wenn man wirklich will, braucht es für einige Zeit nicht wirklich viel. Darum überlege bitte einmal, ob es für dich oder vielleicht auch für deinen Partner die Möglichkeit gibt, die Familienzeit zu verlängern oder zumindest die Stundenzahl ein wenig anzupassen. Die Zeit zu Hause ist beruflich keine „verlorene Zeit", sondern eine Investition in deine Zukunft. Du stärkst die Beziehung zu deinen Kindern, bist ihnen ein gutes Vorbild und sie merken, dass du sie wirklich siehst, ihnen zuhörst, für sie da bist. Für mich eine der besten Entscheidungen meines Lebens, auch wenn ich auf einiges verzichtet habe, damit es funktioniert. Es gibt so viele Weiterbildungen, Studiengänge und Kurse, die du während deiner Elternzeit belegen kannst, um nicht auf der Stelle zu treten, falls du das Bedürfnis danach hast.

Würde ich ein großes Unternehmen führen, ich würde viel mehr Mütter einstellen, weil sie gerade nach der Familienphase absolut effektiv und vorausschauend arbeiten. Sie sehen die Aufgaben, arbeiten diese zügig und gewissenhaft ab und sind Expertinnen in Zeitmanagement und effizientem Arbeiten. Leider sind sich viele Frauen ihrer Talente und Fähigkeiten, die sie in der Elternzeit erwerben, gar nicht bewusst. Keine Mutter würde neben einem Kopierer stehenbleiben, während er 200 Seiten druckt. Keine! ☺

Höre auf, gegen Windmühlen zu kämpfen und durchzusetzen, was nicht geht. Erkenne, dass dein Weg vielleicht ein anderer ist und vertraue darauf, dass sich alles in deinem Sinne entwickeln wird. Das war auch für mich bisher eine meiner größten Herausforderungen.

Und was ist, wenn du deinen bisherigen Beruf überhaupt nicht mehr ausüben möchtest?

Kinder verändern. Nicht nur deine Tagesstruktur, sondern auch dich als Mensch. Plötzlich siehst du vieles mit anderen Augen, einiges nicht mehr so eng und viel öfter stellt sich die Frage nach dem Sinn. Natürlich ist das nicht nur ein Prozess, der bei immer mehr Eltern stattfindet, die sich fragen, was sie ihren Kindern vorleben möchten, sondern es ist eine generelle Entwicklung, dass sich immer mehr Menschen die Frage nach dem Sinn stellen. Kaum einer, der sich des Werts seiner Lebenszeit bewusst geworden ist, möchte noch einen sogenannten Bullshit-Job[6] ausüben. Anmerkung am Rande: Bullshit-Jobs sind nicht, wie man eventuell vermuten könnte, die, die wenig Anerkennung mit sich bringen oder schlecht bezahlt werden, sondern die, bei denen es gar nicht auffallen würde, wenn sie ein paar Wochen nicht gemacht würden...

Vielleicht werden sich auch deine Werte verschieben, was dazu führt, dass es dir unter Umständen gar nicht mehr möglich ist, deine frühere Berufstätigkeit genauso fortzusetzen wie früher.

Dann ist die Zeit zu Hause die beste Zeit, um dich neu zu ordnen, die Fühler in alle Richtungen auszustrecken und dich peu à peu in die Richtung zu entwickeln, in die es für dich gehen soll.

Falls du zu dieser Gruppe gehörst, habe ich für dich im Anhang eine Coachingübung, das Ikigai, angefügt, mit dem du mehr Klarheit erlangen kannst, welches deine Berufung sein könnte und wo dein Talent liegt, das es in die Welt zu bringen gilt.

Nur eine glückliche Mama ist eine gute Mama. Höre auf faule Kompromisse zu machen, wenn es nicht unbedingt sein muss, oder um es mit den Worten von Eric Worre zu sagen:

---

[6] „Bullshit Jobs – Vom wahren Sinn der Arbeit" von David Graeber, Klett-Cotta, 1. Auflage, 2018

„Facing your fears and living a life that's free is easy. Spending the rest of your days living half a life is hard." [7]

Vielleicht gehörst du aber auch zu denjenigen Frauen, die aus finanziellen Gründen dringend auf ihren Job angewiesen, aber ganz und gar nicht glücklich mit ihrer Aufgabe sind. Für dich habe ich ein paar Anregungen und eine kleine Geschichte. Alles hat seine Zeit und wenn du deine Arbeit weder wechseln noch Stunden reduzieren kannst, dann mach das Beste aus deiner Situation. Es gibt doch dieses schöne Sprichwort: „Wenn dir das Leben eine Zitrone gibt, mach Limonade daraus!". Vielleicht stellt sich auch heraus, dass es sich gar nicht um eine Zitrone handelt. Wenn du schon nicht deinen Traumjob hast und einer Tätigkeit nachgehst, die zwar anstrengend ist, aber nicht ausreichend wertgeschätzt und bezahlt wird, dann überlege bitte, wie du in der Zeit, in der deine Kinder noch klein sind und du wenig Handlungsspielraum hast, deine Gedanken und dein Handeln verändern kannst. Wenn du jeden Tag missmutig und mit Widerwillen aufstehst, dich zur Arbeit schleppst und froh bist, wenn der Tag vorbei ist, vergeudest du nicht nur deine wertvolle Lebenszeit, sondern raubst dir noch unheimlich viel Energie, die dir dann am Abend für deine Kinder und deinen Partner fehlt. Du hast immer die Wahl, wie du die Dinge siehst. An allem

---

[7] Eric Worre, Go Pro - 7 Steps to Becoming a Network Marketing Professional, 1. Auflage, Mai 2013

gibt es positive Aspekte und alles hat seinen Sinn. Manchmal findet man den aber erst rückblickend. Es gibt wahrscheinlich einen Grund, warum du aktuell genau in dieser Tätigkeit in diesem Unternehmen bist und erst in dem Moment, in dem du dich dafür entscheidest, deine Aufgabe mit anderen Augen zu sehen, wird sich auch etwas ändern. Zuerst bei dir im Inneren und danach im Außen. Was ich damit meine, möchte ich mit einer kleinen Geschichte aus einem unserer Urlaube deutlich machen.

Als wir morgens im Hotel beim Frühstück saßen, fiel mir ein Mann auf, der dort als Servicekraft arbeitete, die Tische neu eindeckte und die Teller abräumte. Wir waren in einem relativ großen Familienhotel mit Essenszeiten von bis zu dreieinhalb Stunden, das bedeutet, es ist dort laut, es ist stressig und es ist schmutzig. Überall fallen Essensreste von den Tellern der kleinen Gäste, werden von anderen zertreten und es ist mit Sicherheit keine Wonne, das Gematsche und die vielen Essensreste von den Tellern zu kratzen. Objektiv betrachtet wirklich ein Knochenjob, der noch nicht einmal gut bezahlt wird. Warum ist mir Nico (so heißt der Mann) aufgefallen? Seine Art zu arbeiten, seine Körperhaltung und sein ganzes Auftreten unterschieden sich von dem seiner Kollegen/-innen. Er war stets freundlich und hat seine Arbeit in einer Schnelligkeit, Sorgfalt und wie soll ich sagen...Würde erledigt, die mich wirklich nachhaltig beeindruckte. Er schluffte nicht durch die Gegend und machte seine Arbeit nur, weil er dafür bezahlt wird. Ich hatte wirklich den Eindruck, dass er einen guten Job machen möchte, und dass er seine Aufgabe selbst als wichtig und wertvoll einschätzte. Nico hat am

Ende des Urlaubs von uns ein ordentliches Trinkgeld bekommen und ein Jahr später...gleiches Hotel, gleicher Ort...Nico war nicht mehr da. Ich habe mich bei einer Kollegin nach ihm erkundigt und erfahren, dass er eine viel besser bezahlte Stelle in einem großen Hotel in der nächsten Stadt bekommen hat. Nicos Geschichte ist kein Einzelfall. Wenn du deine Arbeit so gut machst, wie es dir nur möglich ist und vielleicht sogar ein wenig mehr bietest als die Kollegen um dich herum, wird dir irgendwann eine Tür geöffnet und es folgt der nächste Schritt.

Halte durch, mach das Beste aus deiner Situation und vertraue darauf, dass sich bald auch für dich eine Chance bietet! Du schaffst das!

Hier noch ein paar Anregungen für eine positivere Haltung:

Tipp 1

Gehe jeden Morgen für ein bis zwei Minuten gedanklich deinen Tag durch und stelle dir vor, wie er idealerweise verlaufen soll. Die Kollegen/ Kunden sind sehr nett und aufmerksam, du wirst vom Chef gelobt, irgendetwas Schönes passiert, mit dem du nicht gerechnet hast.

Du wirst feststellen, dass du mit einer ganz anderen Motivation und Erwartungshaltung in den Tag startest. Wie du ihn beginnst, entscheidet maßgeblich darüber, wie dein Tag verlaufen wird. Vielleicht hast du schon einmal den Satz „Die Energie folgt der Aufmerksamkeit" des amerikanischen Erfolgstrainers Anthony Robbins gehört. Wenn du deinen Fokus auf die guten Dinge legst und versuchst, das

Schöne zu sehen, wird daraus mehr. Es ist ein wenig Übung erforderlich, aber nach ein paar Wochen suchst du auch in richtig schwierigen Situationen automatisch nach dem „Blümchen auf dem Haufen Sch..." ☺ Wenn du dich selbst positiv einstimmst und für den Moment dankbar bist, für all die Dinge, die in deinem Leben sind, dann wirst du auch Positives anziehen. Das ist kein spirituelles Blabla, sondern eine ganz natürliche Gesetzmäßigkeit, die du wahrscheinlich sogar schon des Öfteren selbst bemerkt hast. Du gehst durch die Straße und musst aus irgendeinem Grund lächeln. Dabei schweift dein Blick zu einem Passanten, der davon ausgeht, dass er gemeint ist. Du bekommst nach einem etwas verdutzten Blick wahrscheinlich ein strahlendes Lächeln zurück. Was ist passiert? Dieser anderen Person geht es automatisch besser und sie wird dein Lächeln weitertragen. Mit dieser positiven Einstellung gehst du in das nächste Geschäft und triffst auf eine Verkäuferin, die dich in diesem freundlichen Zustand sieht und automatisch mehr Lust darauf hat, dich zu beraten. Du bist erstaunt, wie zuvorkommend die Verkäuferin ist und wie gut der Service...diese Geschichte könnte nun noch lange so weitergehen, aber du weißt sicher, worauf ich hinauswill und du kannst dir auch denken, wie der Tag verlaufen würde, wenn du mit mieser Laune das Haus verließest. Plötzlich sind nur Blödmänner unterwegs, oder?

;-)

Dazu noch eine ganz kurze Anekdote, weil es eine so lustige Situation war, in der ich mich auch mal selbst überwinden musste und es sehr gut zum Thema „Freude ins Leben anderer Menschen bringen" passt. Ich habe vor ein paar Monaten in einem Geschäft einen wunderschönen

Keramik-Buddha gesehen. Genauso einen, wie ich ihn schon seit bestimmt zwei Jahren gesucht hatte. Nun war es allerdings so, dass der Buddha 60-70 cm hoch war, relativ schwer und mein Auto eine ganze Ecke entfernt. Keine Chance, den Buddha in eine Tasche zu packen, oder ihn irgendwie sonst unauffällig in mein Auto zu bugsieren. Nun hatte ich die Wahl. Mit dem Riesenbuddha auf dem Arm durch die halbe Fußgängerzone laufen und mich – so dachte ich - zum Affen machen, oder ihn stehen lassen. Mir schossen so viele Gedanken durch den Kopf, bis ich zu dem Schluss kam, „Hey Nadine, du bist Coach, du wirst doch wohl nicht diesen tollen Buddha hier stehen lassen, nur weil du Bedenken hast, dass irgendjemand doof gucken könnte." Gesagt getan. So verließ ich das Geschäft mit dem wunderschönen, aber wie sich herausstellte, doch sehr unhandlichen Buddha, den ich auf den Arm nehmen und mir an die Schulter lehnen musste wie ein kleines Kind. So guckte er mir übrigens auch nach hinten über die Schulter. Natürlich begegneten mir auf dem Weg ein paar Leute, obwohl morgens noch relativ wenig los war. Und rate einmal, was passierte? Die Leute guckten zunächst etwas verwundert, ich musste daraufhin breit grinsen, weil die Situation urkomisch war. Und die Leute lächelten mit. Nett, ehrlich und erfreut. Eine wirklich schöne Erfahrung. Manchmal muss man einfach über seinen Schatten springen und es entsteht etwas Schönes daraus.

Tipp 2

Frage dich, was du heute tun kannst, um jemand anderen glücklich zu machen oder ihm/ ihr zu helfen.

Wenn du anderen hilfst, fühlst du dich nicht nur selbst besser, sondern bekommst genau dieselbe Unterstützung, wenn du sie brauchst. Oftmals ist es für uns eine Kleinigkeit, die schnell erledigt ist, die aber für jemand anderen sehr viel bedeutet.

Tipp 3

Gönne dir zwischenzeitlich kleine Inseln (Atempausen) in denen du mal für ein bis zwei Minuten die Augen schließt, durchatmest und überlegst, wofür du heute dankbar bist und was an diesem Tag bis jetzt gut verlaufen ist. Gerade in stressigen Phasen ist es so wichtig, kurz innezuhalten und sich neu auszurichten.

Tipp 4 (für die wirklich herausfordernden Tage)

Du denkst dir…, das ist doch alles Mist? Du bist frustriert, alles scheint heute schief zu laufen und die ganze Welt hat sich gegen dich verschworen? Dann ist heute einfach mal ein schlechter Tag und auch dieser wird vorübergehen. Was dich in diesem Moment sofort in eine etwas bessere Stimmung bringen kann, ist der „Lächeltrick", den ich mir ebenfalls von Vera F. Birkenbihl abgeschaut habe.

Stelle dich vor einen Spiegel und grinse dich eine Minute lang an. Auch wenn gerade gar nichts lustig ist. In deinen

Wangen sitzen Muskeln, die bei Stimulation eine Botschaft an das Gehirn senden „Hey, sie lacht! Irgendwas muss lustig sein." Dem Gehirn ist es egal, ob du wirklich lachst oder ob es gefakt ist. Hauptsache, der Reiz wird ausgelöst. Zieh es einfach durch, egal wie blöd du dir dabei vorkommst. Spätestens nach 60 Sekunden werden Glückshormone ausgeschüttet, weil bei deinem Gehirn die Botschaft angekommen ist, dass du gerade eine megagute Zeit hast. Und wenn du dann auch noch vor dem Spiegel stehst und dir dieses komische Grinsen ansiehst, kannst du deine aktuelle Situation nun wirklich nicht mehr so ernst nehmen.

Hilft bei mir immer. Einfach mal ausprobieren ☺

Du bist kein Roboter!

Mütter haben im Allgemeinen eine sehr hohe „Verausgabungsbereitschaft" wie man im Fachjargon sagt. Sie sorgen sich um alles und jeden, kümmern sich darum, dass es allen gut geht, dass alle Aufgaben erledigt sind und nebenbei Haus und Garten noch tipptopp aussehen. Das Essen sollte wenn möglich täglich frisch gekocht sein, alles Bio und der Kuchen fürs Wochenende ist grundsätzlich selbst gebacken. Nachmittagssnacks aus der Tüte oder vom Bäcker? Undenkbar...da kann man doch ratzifatzi selbst Müsliriegel oder Milchbrötchen backen. Granola zum Frühstück? Kann man ganz leicht selber machen...Okay, ich gebe zu, das klingt etwas extrem, kommt aber dem nahe, was viele Mütter von sich wie selbstverständlich verlangen. Kein Mensch kann das schaffen. Jedenfalls nicht über einen längeren Zeitraum. Und diese Plakate mit strahlenden Müttern, die auf dem Weg zur Arbeit im Kostüm rennend auf dem einen Arm das Kleinkind tragen und in der anderen Hand Aktentasche und Handy am Ohr halten, hat definitiv keine Mutter designt.

Versuche dir bitte Freiräume zu schaffen und die Ansprüche, die du an dich selbst hast, herunterzuschrauben.

Nutze hierzu bitte die Coachingübung **„Not-to-do-list"**, die du im Anhang findest.

Wenn du richtig priorisierst, bekommst du plötzlich Zeitfenster geschenkt, die deinen Alltag entspannen und dir ermöglichen, wie eine Frau durch den Tag zu gehen und nicht wie ein Roboter.

Manchmal komme ich mir selbst so vor, wenn ich am Nachmittag zwischen den Kindern, der Wäsche, der Küche und allem hin und her hüpfe und mir Wünsche zugerufen werden wie „Mama, ich möchte einen Apfel!", während ich die Krümel vom Rosinenbrötchen vorher unter dem Tisch wegfege. Nummer zwei „Mama, ich möchte raus, wo sind meine Schuhe?" Nummer zwei bekommt flott seine Turnschuhe rüber geworfen, bevor ich für Nummer 1 den Apfel hole. „Maamaaaa...der Apfel ist ja ganz ☹ Ich will Stücke..." (unglückliches Kindergesicht). Also...was mache ich? Stücke!

Im Spaß habe ich letztens auch einen Roboter nachgemacht, als gerade einmal alles erledigt war und habe mit Computerstimme gesagt: „Welche Wünsche darf ich bitte jetzt erfüllen- Biiieep???"

Für mich ist es ein Spaß, weil ich mittlerweile auch gut Nein sagen kann und mir Auszeiten nehme, wenn ich sie brauche. Ich glaube aber, dass es viele Mütter gibt, die es als selbstverständlich ansehen, dass sie dauernd, ständig und ohne Pause für andere da sein müssen. Bitte achte gut auf dich!

Falls du denkst, dass es für deine Kinder schädlich sein könnte, wenn du auch mal streng bist und sie öfter ein Nein zu hören bekommen, kann ich dich beruhigen. Im Magazin Stern ist im letzten Jahr ein Artikel erschienen, in dem Jugendliche zum Thema Erziehung befragt wurden. Überraschenderweise hat der Großteil der Jugendlichen gesagt, dass sie sich gewünscht hätten, von ihren Eltern klarere Grenzen gesetzt zu bekommen. Auch wenn es für den Moment Nörgelei oder auch mal Schreierei geben sollte, langfristig zahlt es sich aus und du schonst deine Kraft und deine Nerven.

Zwei wichtige Fragen zum Nachdenken, falls du dir noch nicht erlaubst, mehr auf dich zu achten und dir die wohlverdienten Freiräume zu schaffen:

Wie wird dein Leben in einem, in zwei oder in fünf Jahren aussehen, wenn du so weitermachst wie bisher?

Wie wird es dir wahrscheinlich gehen?

Frieden schließen - Wunderwerk Körper

Bist du zufrieden mit deinem Körper? Fühlst du dich im Moment so richtig wohl in deiner Haut? Falls die Antwort nein lautet, gehörst du zu dem leider sehr großen Teil von Frauen, die nach der Schwangerschaft mit ihrem Körper hadern. Gerade die erste Zeit nach der Geburt ist für viele Frauen schwer. Erst gehört einem der Körper nicht mehr selbst, sondern beherbergt über lange Zeit einen süßen, kleinen Mitbewohner und im Anschluss möchte dieser natürlich gehegt, gepflegt, liebgehabt und versorgt, das heißt, wenn es dir möglich ist, gestillt werden.

Der Körper verändert sich und legt vielleicht hier und da Reserven an, um sich für „harte Zeiten" abzusichern. Ich selbst habe auch mit mir gehadert, als ich sechs Monate nach der Geburt meines zweiten Sohnes immer noch so aussah, als würde sich Kind Nummer drei ankündigen. Ich hatte viel zu viel Wasser im Körper und der Bauch bildet sich nun einmal auch nicht zurück wie ein Luftballon, aus dem die Luft herausgelassen wird. Ich kann mich noch gut daran erinnern, dass mich in dieser Zeit beim Arzt eine Dame mit Migrationshintergrund mit einem Strahlen im Blick ansprach: „Oooooh, schöööööön. Bekomme Baby! Wann kommt???" Vielleicht hast du auch schon eine ähnliche Erfahrung gemacht und kannst dir vorstellen, wie es mir ergangen ist. Heute lache ich darüber und weiß, dass es ganz normal ist, dass der Körper seine Zeit braucht. Er ist eine Hochleistungsmaschine, aber die Prioritäten werden Gott sei Dank nicht so gesetzt, dass man schnell wieder schlank und durchtrainiert aussieht, sondern dass man bei Kräften bleibt und seine Kinder gut versorgen kann. Was hilft es dir aber nun zu wissen, dass sich die Natur zwar dabei so ihre Gedanken gemacht hat, wenn du absolut nicht glücklich bist?

Hier möchte ich gerne mit dir an zwei Punkten ansetzen. Erstens am Thema Selbstliebe und zweitens an den Möglichkeiten, die du tatsächlich hast, um etwas zu verändern.

Zu mehr Selbstliebe bitte hier entlang...

Ich stelle immer wieder fest, wie hart viele Frauen mit sich selbst ins Gericht gehen. So wie sie über sich selbst und über ihren Körper sprechen, würden sie nie mit einer oder über eine Freundin reden. Da bekommt der Satz „Ich gehe mich im Bad mal fertigmachen," eine ganz andere Bedeutung, denn nichts anderes ist es, was viele Frauen Tag für Tag im Bad veranstalten. Mit welchem Ergebnis? Unzufriedenheit, Traurigkeit, Wut. Und so starten viele in ihren Tag. Wenn es ganz schlimm kommt, zwängen sie sich in irgendwelche Formunterwäsche oder hungern sich durch den Tag. Ich hoffe, du gehörst nicht dazu. Ich finde, es ist an der Zeit, mit dir selbst und deinem Körper etwas milder umzugehen. Er ist wahrlich ein Wunderwerk. Er trägt dich dein Leben lang zuverlässig durch den Tag, dein Herz schlägt 24 Stunden 365 Tage im Jahr, ohne Pause. Wenn man sich einmal vor Augen führt, welche komplexen Prozesse tagtäglich wie selbstverständlich und perfekt aufeinander abgestimmt ablaufen, kann man ganz ehrfürchtig werden. Dabei ist nichts davon selbstverständlich. Wenn dein Körper gesund ist und vermeintlich nur etwas zu dick, zu dünn, zu groß oder zu klein, dann kannst du dich so unglaublich glücklich schätzen. Wie viele Menschen würden gerne mit dir tauschen, weil ihr Körper eben nicht (mehr) ganz so funktioniert, wie er sollte.

Überlege dir bitte einmal, wie sehr du dich selbst belastest, indem du mit deiner Figur haderst. Und was bringt es? Nichts! Null! Nada! Warum dann nicht lieber auf die Dinge konzentrieren, die schön sind? Dankbar sein für das, was ist. Es ist ein Prozess und ich weiß, es klingt so einfach und ist es anfangs noch nicht. Aber versuche bitte ein wenig umzudenken. Ganz allein dir zu liebe.

Selbstliebeübung

Stelle dich täglich vor den Spiegel und schau dir die Stellen deines Körpers an, die du schön findest. Lächele dich an (ja ich weiß, das ist wahrscheinlich erstmal ungewohnt) und sage dir, dass du genau so richtig bist, wie du bist. Auch wenn dir das anfangs unangenehm ist, versuche es mal zwei bis drei Wochen durchzuziehen. Dann wirst du eine Veränderung bemerken. Ich habe mich irgendwann entschlossen, dass ich mich gerne stärken und motivieren möchte, anstatt mich selbst zu sabotieren. Kein Mensch hat es verdient, dass du abfällig mit ihm sprichst und du schon gar nicht!

Bitte, bitte keine Diäten

Diäten bringen nichts. Das weiß mittlerweile fast jeder und dennoch quälen sich viele Frauen mehrere Tage durch Kohlsuppentöpfe, essen nur noch die Hälfte, haben ständig Hunger oder jagen irgendwelchen anderen Trends hinterher, mit denen man angeblich in einer Woche zur Bikinifigur kommt. Bitte, bitte, stop that shit! Es stimmt nicht, es ist Müll und es tut dir nicht gut! Ich kenne mittlerweile so viele Frauen, die sich mit jahrelangen Diätversuchen ihren Stoffwechsel komplett ruiniert haben. Das einzige, was meiner Meinung nach hilft, ist eine langfristige Umstellung der Ernährung und genug Bewegung. Ändere deine Gewohnheiten und deine Einstellung, dann siehst du schon bald Veränderungen im Außen.

„Wenn Du immer wieder das tust, was Du immer schon getan hast, dann wirst Du immer wieder das bekommen, was Du immer schon bekommen hast. Wenn Du etwas anderes haben willst, musst Du etwas anderes tun! Und wenn das, was Du tust, Dich nicht weiterbringt, dann tu etwas völlig Anderes – statt mehr vom gleichen Falschen!"

- Paul Watzlawick, österreichisch-amerikanischer Philosoph, 1921 – 2007

Aber auch wenn du diese Regel beachtest, gibt es keine Erfolgsgarantie für Ziele, die vielleicht gar nicht zu dir passen. Wenn du schon dein Leben lang Kleidergröße 42 hattest, dann wirst du wahrscheinlich nie ein Typ für Größe 36 werden. Der Körper hat ein sogenanntes Wohlfühlgewicht und dort pendelt er sich ein, wenn du dich ausreichend bewegst und gut ernährst. Und natürlich soll der Genuss nicht zu kurz kommen. Welcher Mann möchte bitte eine klapperdürre Frau, die beim Grillfest freudlos an einer Karotte knabbert und diese mit einem Glas stillem Wasser herunterspült? Niemand! Das Leben ist schön und soll genossen werden. In vollen Zügen! Auf einer Postkarte habe ich einmal einen Spruch gelesen „Das Leben ist zu kurz für Knäckebrot und Rooibostee." Die Karte habe ich mir gekauft und über den Schreibtisch gehängt, weil ich auch oft „zu vernünftig" bin, was das Thema Ernährung angeht. Wie immer ist wahrscheinlich genau in der Mitte das richtige Maß.

Also Punkt eins: Nimm deinen Körper zunächst so an, wie er ist und danke ihm dafür, dass er diese Wahnsinnsleistung vollbracht und dein Baby zur Welt gebracht hat!

Punkt zwei: Erfreue dich an den Dingen, die schön sind (Spiegelübung) und sage dir selbst freundliche Dinge! Genau die, mit der du deine beste Freundin aufbauen würdest, wenn sie niedergeschlagen ist. Das, womit du unzufrieden bist und was du mit etwas Umstellung und Ausdauer optimieren kannst, schaust du dir liebevoll an und sagst dir „darum kümmern wir uns nach für nach". Das Wichtigste ist, dass du glücklich, zufrieden und mit dir im Reinen bist. Der Weg dorthin führt über die Stationen „Lieben, was ist" und „Frieden schließen".

Ernährung umstellen

Wenn du nun deine Ernährung umstellen möchtest, damit du dich fitter fühlst und ein paar Kilos reduzieren kannst (weil du es möchtest oder es aus gesundheitlichen Gründen erforderlich ist), dann mache es nicht mit der „Haudrauf-Radikal-Methode". Auch hier ist die mentale Vorbereitung enorm wichtig, damit du auch langfristig dabeibleiben kannst. Statt dir zu sagen: „Ab heute esse ich nichts Süßes mehr", kannst du dir sagen „ich habe mich aus Liebe zu mir selbst und um mich fitter zu fühlen entschieden, meinen Körper überwiegend mit Dingen zu versorgen, die er gut verarbeiten und gebrauchen kann." Das macht einen riesigen Unterschied. Bei Variante 1 bist du im Mangel. Ich darf etwas nicht. Oh nein, ab jetzt geht's bergab. Variante 2 ist absolut positiv. Du übernimmst die Verantwortung und entscheidest selbst, was du tust. Um bei der Umstellung entspannt zu bleiben hat die liebe Dana Schwandt in ihr Buch „Mein Neuanfang mit Ayurveda"[8] drei tolle Tipps eingebaut, mit denen du dir auch mal kleine Rückschritte und „Schummeltage" erlauben kannst, ohne dich zu verurteilen. Am besten gefällt mir die 3+-Methode, die ich gerne an dich weitergeben möchte. Dana sagt sinngemäß, dass du dir vorstellen sollst, dir für den Tag eine Schulnote zu geben. Du sollst nicht täglich eine 1 anstreben, weil du dann unnötig Druck hast, sondern ruhig auch ab und zu eine 3+. Das macht Spaß und

---

[8] Verlag Riva, 1. Auflage, 2019

hat mich das ein oder andere Mal zum Schmunzeln gebracht. So freute ich mich über eine 1 oder eine 2 und wenn ich dann doch einmal abends eine Packung Pfefferminzplättchen geöffnet habe, habe ich genüsslich ein paar gegessen und mir gesagt…naja, heute eine 3+. So wie der Weihnachtsmann auf einer anderen schönen Postkarte, der mit Unterhose und Mütze auf der Waage steht und sich denkt: „Naja…mit Mütze." ☺

Aber zurück zum Thema. Man muss sich einmal vor Augen führen, dass das, was wir essen, ja nicht nur Genuss und Füllstoff ist, damit der Magen nicht mehr knurrt, sondern dass aus dem, was wir essen, der Körper gebaut wird. Mit diesem Wissen überlegt man sich lieber zwei Mal, aus was man gerne gebaut sein möchte. ;-)

Du bist, was du isst. Das wusste schon Ludwig Feuerbach[9]. Manchmal bin ich auch eine Rosinenschnecke oder eine mit Nuss gefüllte Schokokugel. Oder eine Handvoll davon. Manchmal auch eine Packung… Wirklich hilfreich ist dies aber nicht, wenn du eigentlich Vitamine und Co. brauchst, um ausreichend Power zu haben.

Dein Körper braucht in der Schwangerschaft und in den ersten Lebensjahren deines Kindes das Beste, was er kriegen kann. Klar, wenn man müde ist und wenig Zeit hat, greift man instinktiv zu dem, was schnelle Kohlehydrate liefert, die Energie steigert und im Idealfall auch noch Glückshormone zu Tage fördert (Schokolaaaaade). Diese Gier nach schnellen Kohlehydraten haben wir schon in der Steinzeit in uns getragen, als es wirklich ums Überleben

---

[9] deutscher Philosoph 1804-1872

ging. In der heutigen Zeit ist diese Reaktion natürlich nicht mehr ganz so förderlich. Denn wonach greifen wir? Schoki, Chips und Co. Alles kein Problem, wenn es nicht zu oft ist und du als Ausgleich deinen Körper mit allem versorgst, was er braucht.

Wie kannst du es nun schaffen, deine Ernährung umzustellen und dran zu bleiben?

<u>Woran fehlt es dir?</u>

Wie alles wird auch das Thema Essen irgendwann zur Gewohnheit. Du hinterfragst nicht mehr, warum du dir am Nachmittag Kuchen und Co. holst oder am Abend die Knabbertüte auf dem Sofa neben dir steht. War schon immer so. Oder hat irgendwann angefangen und seitdem ist es so. Wenn du ein sehr starkes Verlangen nach bestimmten Lebensmitteln hast, kann auch ein Nährstoffmangel dahinterstehen. Im Internet findest du Tabellen mit Zuordnungen, welche Vitamine und Mineralstoffe fehlen könnten, wenn du ein übermäßiges Verlangen nach Salzigem, Fettigem, Süßem etc. hast. Bei Schokolade kann z.B. ein Magnesiummangel dahinterstecken, weil in Schokolade Magnesium steckt. Der Körper ist wirklich schlau und holt sich, was er braucht. Wenn du das weißt, kannst du dich für eine bessere Alternative entscheiden.

Lerne wieder intuitiv zu essen!

Versuche etwas achtsamer beim Thema Essen zu werden. Nimm dir viel Zeit und kaue in Ruhe. Das führt dazu, dass du rechtzeitig merkst, wenn du satt bist. Du isst automatisch weniger und nimmst deinem Verdauungssystem viel Arbeit ab, welches dir sonst im Tagesverlauf wichtige Energie für andere Aufgaben abziehen würde. Überlege dir bevor du isst, was du gerade brauchst und was dir gut-tun würde. Das schützt dich davor, wahllos irgendwas in dich hineinzustopfen. Wenn es im Alltag mit Kind oft nicht anders geht, schreibe dir doch am Abend oder einmal in der Woche eine Liste, was du gerne im Haus haben möchtest oder worauf du eigentlich Lust hast. Dann kannst du entsprechend einkaufen oder vorkochen und einfrieren. Mir ist es wichtig gewesen, mir auch mal etwas Leckeres zuzubereiten, als ich eigentlich kaum Zeit dafür hatte. Ich habe meinem Sohn dann den Schrank mit den Dosen und Schüsseln geöffnet und habe in Kauf genommen, dass die Küche hinterher aussieht wie ein Schlachtfeld. Man muss eben Prioritäten setzen ☺

Was brauchst du gerade wirklich?

Gehörst du auch zu den Stressessern? Es gibt Menschen, die können nie essen, wenn sie Stress haben. Die sehen in stressigen Zeiten oft ganz schlecht aus, weil sie so dünn sind. Und dann gibt es die anderen, die gerade unter Stress essen müssen. Da landen dann, mit der positiven

Absicht, sich selbst etwas Gutes zu tun und Stress zu reduzieren, schnell mal 500 – 1000 kcal im Magen, die man sparen könnte, wenn man sich Zeit für sich selbst nehmen würde. Wenn du das nächste Mal kurz davor bist, dich mit Chips und Schoki zu versorgen, dann halte bitte inne und frage dich, warum du das jetzt essen möchtest. Hast du wirklich Hunger oder möchtest du (Achtung jetzt bitte genau aufpassen) a) dich belohnen oder b) ein emotionales Loch stopfen und wenn ja, welches? Was brauchst du gerade wirklich? Welches Gefühl steckt dahinter?

Wenn du am Abend müde und abgeschlagen bist, brauchst du vielleicht einfach nur eine Umarmung. Oder eine Pause. Zeit für dich. Durchatmen, eine Runde um den Block gehen... Nimm dir bitte diese kurze Zeit und frage dich, wie es dir gerade geht. Wenn dir etwas anderes als das Essen helfen könnte, sei es was es wolle, was wäre es?

Wo stehst du in einem, in fünf, in zehn Jahren?

Nehmen wir mal an, es geht bei dir nicht nur um ein bis zwei Kilogramm, sondern du hast aktuell noch ein Gewicht, welches langfristig nicht gut für deine Gesundheit und dein Wohlbefinden ist. Dennoch fällt es dir schwer, die Finger von Süßem, Junkfood und Co. zu lassen. Dann hilft dir vielleicht die folgende Frage, die du bereits vom Anfang des Buches kennst. In Verbindung mit deinen Ernährungsgewohnheiten lohnt es sich hier noch einmal besonders hinzuschauen:

Wo stehe ich in einem, in fünf, in zehn Jahren, wenn ich so weitermache wie bisher? Stelle dir vor deinem inneren Auge vor, wie du in einem, in fünf oder in zehn Jahren aussehen wirst und wie es dir damit geht.

Trinkst du genug Wasser?

Je nach Körpergröße und Gewicht braucht der Mensch im Schnitt zwei bis drei Liter Wasser. Wenn du nicht genug trinkst, kann es sein, dass du Durst mit Hunger verwechselst. Wenn du also denkst, dass du Hunger hast, trinke erst einmal ein großes Glas Wasser. Vielleicht ist der Hunger dann schon erledigt. Genauso verhält es sich am Abend. Wie oft denke ich auch...hach...und jetzt? Kinder im Bett...irgendwas brauchst du jetzt noch. Nach dem Glas Wasser weiß ich zumindest in 50% der Fälle: Ja, es war einfach nur Durst, obwohl ich vorher felsenfest davon überzeugt war, noch irgendeine Kleinigkeit essen zu müssen...

Schon kleine Veränderungen machen einen großen Unterschied

Du musst nicht gleich alles perfekt machen. Denke an die 3+. Zu radikale Veränderungen bringen meist nichts und führen dazu, dass du schon nach wenigen Tagen wieder abspringst.

1. Du kannst auch versuchen, deine Gewohnheiten so umzustellen, dass sie dich in die richtige Richtung führen, aber noch nicht gleich so einen krassen Einschnitt bedeuten. Wenn dir das abendliche Knabbern also wichtig ist und du bisher immer Chips gegessen hast, dann stelle doch einfach erstmal auf Salzstangen oder diese Babyknabbersnacks aus den Drogerien um, die man für ca. 1 Euro in unterschiedlichen Geschmacksrichtungen kaufen kann. Kein Industriezucker, meist ganz wenig oder kein Fett und trotzdem hast du etwas zum Knabbern. Von Rohkost am Abend halte ich persönlich nichts, weil der Körper es nicht mehr so gut verdauen kann (nach den Lehren des Ayurveda beispielsweise ist das sogenannte Verdauungsfeuer am Abend nicht mehr stark genug) und es dann in der Nacht unverarbeitet rumliegt. Aber auch hier kannst du einfach selbst schauen, was dir schmeckt und was du gut verträgst.

2. Wenn du sonst mit dem Aufzug gefahren bist, könntest du ab heute die Treppe nehmen. Aus der Bahn könntest du eine Station früher aussteigen und wenn dein Weg nicht zu lange ist, nimm doch mal das Fahrrad. Einfach mal etwas Neues probieren. Im letzten Jahr war in meiner Heimatstadt der Hessentag. Ein großes Fest mit vielen Konzerten, Ausstellern und Aktionen, zu dem fast

850 000 Menschen gekommen sind. Plötzlich waren so viele Straßen gesperrt, dass wir nur mit dem Fahrrad überall gut hingekommen sind. Nach zwei tollen Wochen hatten wir uns so daran gewöhnt, dass wir für viele Wege gar nicht erst wieder aufs Auto umgestiegen sind.

3. Wenn deine Kinder schon älter sind und anfangen, auf den Spielplätzen und in den Parks herumzutoben, dann mach doch einfach mit! Die meisten Spielgeräte sind für 120-150 kg zugelassen. Das macht so viel Spaß, du bleibst in Bewegung statt herumzustehen und deinen Kindern machst du vermutlich eine riesige Freude. Anfangs habe ich mich gefragt, was wohl andere Leute denken, wenn ich die Metallstange am Spielplatz runterrutsche und mit meinen Söhnen Feuerwehrmann spiele. Mittlerweile ist es mir egal. Wer lästert, würde insgeheim wahrscheinlich selbst gerne rutschen...

Wenn du merkst, dass du allein nicht wirklich weiterkommst, kannst du dir Hilfe in Form eines Ernährungscoachings oder einer Ernährungsberatung holen. Vielleicht hilft es dir auch, dich einer Gruppe anzuschließen. Gemeinsam kann man sich gut aufbauen, motivieren und gegenseitig anfeuern!

Denke bitte immer daran: Um gesund und fit zu bleiben, braucht dein Körper viel Bewegung an der frischen Luft, gutes Essen, Entspannung, Umarmungen und ganz viel Liebe.

Und noch ein Gedanke. Wenn du aufhörst, andere zu beurteilen und zu bewerten, wird es dir auch viel leichter fallen, mit dir selbst liebevoller umzugehen. Niemand ist perfekt und jeder gibt im Rahmen seiner Möglichkeiten sein Bestes.

Suchst du dir deine Freundinnen aus, weil sie schlank, schön und beliebt sind oder weil ihr auf einer Wellenlänge seid, sie herzlich und fröhlich sind und ihr einfach ein gutes Team seid?

Sind charismatische Menschen äußerlich immer attraktiv und entsprechen dem aktuellen Schönheitsideal? Ich finde nicht. Wahre Schönheit kommt wirklich von innen. Wenn du strahlst und glücklich bist, wenn du tust, was du liebst. Wenn du dankbar bist für das, was du hast.

Sei dir selbst die beste Freundin!

Die Beziehung zu deinem Kind

Um dir ein harmonisches Umfeld zu schaffen, ist es in meinen Augen ganz wichtig, dir die Beziehung zu deinem Kind anzusehen. Oftmals merken wir im Trubel des Alltags gar nicht mehr, was wir tun oder eben nicht tun und hinterfragen auch nicht mehr, was wir da eigentlich so treiben. Hier findest du ein paar Anregungen, Inspirationen und Augenöffner.

Handy, Tablet und Co.

Zunächst einmal ein paar Worte zu den sozialen Netzwerken. Vielleicht hast du es schon gehört, oder es ist dir selbst aufgefallen. Soziale Netzwerke machen unzufrieden, weil dort wenige ehrlich sind und fast alle nur ihre Sonnenseiten präsentieren. Insbesondere auf junge Mütter wird hier, so wie ich regelmäßig in den Coachings erfahre, ein enormer Druck ausgeübt, weil andere Mütter ihr Leben vermeintlich spielerisch leicht auf die Reihe kriegen und Kind, Schöner-Wohnen-Einrichtung und Karriere wunderbar miteinander vereinbaren können. Dass alle diese Mütter mit populären Kanälen aber auch mal schlechte Tage haben und dass es sehr, sehr viele gibt, die nach einem fröhlichen Video total geknickt sind und mit übler Laune durch den restlichen Tag laufen – das sieht niemand. Für dich als Konsumentin ist nur die schillernde Seite sichtbar. Nicht bei allen, aber bei vielen. Deshalb mag ich zum Beispiel sehr gerne die Posts von Ichgold und

Glücksplanet, weil Dana[10] und Silja[11] einfach authentisch sind. Silja hat vor längerer Zeit auch mal ein Bild gepostet, das sie total erkältet und ungeschminkt zeigte. Und jeder von uns weiß doch, wie man dann aussieht. Das fand ich super. Hören wir doch auf, uns gegenseitig etwas vorzumachen!

Dazu fällt mir noch die Geschichte mit einer älteren Bekannten ein.

Als ich einmal mit unserem ersten Sohn total übermüdet durch die Fußgängerzone lief und er gerade eingeschlafen war, traf ich sie und sie erzählte mir, dass sie ja früher alles ganz allein geschafft habe. Jeden Tag arbeiten, kochen, den Haushalt, die Kinder. Ihr Mann habe natürlich nichts gemacht, und dass ihre Schwiegermutter täglich vor Ort war, hat sie dann auch mal verschwiegen. Wahrscheinlich hat sie in dieser Zeit nur Zeitungen gelesen und auf dem Sofa Pralinen gegessen, während ihre Schwiegertochter sich um sie herum abgemüht hat. Habe ich erwähnt, dass ihre Kinder alle nach sechs Wochen durchgeschlafen haben? ;-)

Da frage ich mich…was soll so etwas? Warum bestärken und unterstützen sich gerade Mütter nicht gegenseitig, wenn man doch weiß, wie kräftezehrend die Zeit mit Kleinkindern sein kann? Wieso baut man dann eine andere Mutter nicht auf und sagt ihr, dass man das gut nachvollziehen kann, statt ihr das Gefühl zu geben, ein unfähiger Volldepp zu sein?

---

[10] Autorin, Coach und Expertin für Ayurveda
[11] Coach, Yogalehrerin und Trainerin

Aber zurück zu den sozialen Netzwerken. Ich sehe natürlich auch die Vorteile und lasse mich auch gerne ab und an von anderen inspirieren, bin dankbar, dass ich viele tolle Menschen darüber kennenlernen durfte, und dass ich mit Freunden aus anderen Ländern in Kontakt sein kann. Was mir aber zunehmend Sorge bereitet, ist die Tatsache, dass viele ihr Leben gar nicht mehr anpacken, weil sie nur noch damit beschäftigt sind, anderen „zu folgen". Sie gucken sich täglich stundenlang an, wie andere ihre Küche renovieren, ihre Schränke aufräumen oder sich schminken. Der Wunsch so zu sein und ein vermeintlich unbekümmertes Leben zu haben wie die Stars und Sternchen in Social media stellt oft alles andere in den Hintergrund und frisst dabei nicht nur Zeit und Energie, sondern gibt den Menschen, insbesondere den Kindern, in deinem Umfeld ein vollkommen falsches Signal. In dieser Zeit ist es **dein** Leben, welches an dir vorbeizieht, ohne dass du es merkst. Deine Lebensmomente, die du damit verbrachst hast, dir das Leben anderer anzuschauen. Frage dich bitte einmal, wie lange du am Tag in sozialen Netzwerken verbringst?

Wie geht es dir danach und welche Gefühle breiten sich aus? Glück, Zufriedenheit oder eher Neid, Mangel, Traurigkeit?

Was hättest du mit dieser Zeit Besseres anfangen können?

Nimm dein Leben in die Hand und schaffe dir schöne Lebensmomente. Nutze die Zeit, um Dinge zu tun, die dich und deine Familie glücklich machen und dich in Richtung deiner Ziele navigieren.

Tipp

Versuche einmal, die Zeit in Social Media auf ein Minimum zu begrenzen, z.B. täglich abends maximal zehn Minuten, später fünf und dann kommen irgendwann Tage, an denen du merkst, dass dir nichts fehlt und dass es dir sogar besser geht.

Und um nun zum Titel des Kapitels zu kommen. Zu hoher Medienkonsum schadet der Beziehung zu deinem Kind definitiv. Viele Menschen schauen nicht einmal mehr auf, wenn sie mit anderen Personen sprechen. Die Augen haften wie ein Magnet an Handy und Tablet. Mit Aufmerksamkeit und Wertschätzung hat das nichts mehr zu tun. Ich persönlich führe solche Gespräche nicht mehr. Wenn ich den Eindruck habe, dass die andere Person nicht voll und ganz bei mir ist, vertage ich das Gespräch auf einen späteren Zeitpunkt. Natürlich ist es verlockend, zwischendurch mal schnell zu checken, was es Neues gibt. Mal hier und mal da schauen. Ich überlege mir in diesem Moment immer, wie ich mir die Beziehung zu meinen Kindern in der Zukunft wünsche. Ich glaube und hoffe, dass es sich später auszahlt, dass mein Handy nachmittags in der Schublade bleibt, wenn die Kinder zu Hause sind. Es ist mir wichtig, dass sie jetzt von mir lernen, dass ich ihnen zuhöre, mich für sie interessiere, und dass kein kleiner Kasten ihnen den Rang ablaufen kann. Es ist wie mit allem. Es kommt auf die Dosis an.

Ja, man sollte meinen, dass es die Kinder sind, die oftmals mit dem Kopf durch die Wand wollen. Wenn wir aber ganz ehrlich sind, wollen wir Erwachsenen das meistens genauso. Dann sollen die Kinder sofort die und die Jacke anziehen, ihr Zimmer aufräumen, obwohl sie gerade etwas spielen oder kriegen partout nichts Süßes, weil es ja nicht sein muss. Natürlich sollen Kinder auf das hören, was die Eltern sagen, denn sie tun es ja mit einer positiven Absicht und möchten das Beste für ihr Kind. Nur oft entstehen unnötige Auseinandersetzungen, weil wir Eltern genervt sind, keine Geduld haben oder einfach wollen, dass das Kind jetzt mal „funktioniert". Klar, jeder kommt mal an seine Grenzen und Kinder können einen schon ganz schön herausfordern, aber wie wäre es, in kritischen Momenten einfach mal umzudenken? Statt: „Du machst das jetzt sofort, sonst..." kann man je nach Alter den Ball zurückspielen. Ich frage dann meinen älteren Sohn zum Beispiel, was sein Vorschlag dazu ist und dann überlegen wir gemeinsam, wie wir zum Ziel kommen. Der Druck ist raus, er fühlt sich ernst genommen und wertgeschätzt und unser Problem ist gelöst. Ich weiß, wie schwer es ist, in Phasen, in denen man müde, wütend oder mit den Nerven am Ende ist, aus den eingefahrenen Routinen auszubrechen, aber die Frage „was könnte ich in dieser Situation jetzt anders machen als gewöhnlich?" bringt wunderbare Ergebnisse zu Tage und entspannt die Beziehung zu deinem Kind. Probier's doch mal aus.

Kinder sind wie Seismographen. Geht es dir nicht gut oder bahnt sich ein Problem an, spüren sie es schon, bevor du es selbst weißt. Je nachdem wie sensibel dein Kind ist. Kinder, die anstrengend, laut, frech, unruhig oder einfach unausgeglichen sind, sind entweder müde, befinden sich in einer besonderen Entwicklungsphase und sind sich selbst nicht ganz „grün", oder aber sie bemerken den „Fehler im System". Kinder setzen oft die Gefühle und die Energie frei, die die Personen im familiären Umfeld zu unterdrücken versuchen. Achte mal darauf, wie sich deine Kinder verhalten, wenn deine Eltern oder Schwiegereltern zu Besuch sind und das Gespräch auf konfliktgeladene Themen kommt. Dann, wenn man es am wenigsten gebrauchen kann, drehen auch die Kinder am Rad und voilà ist man mittendrin im großen Drama. Die Kinder in diesem Moment zu bestrafen wäre unfair und das falsche Mittel. Allein sich dessen bewusst zu sein, hilft schon einmal weiter. Deswegen frage dich bitte, wenn es dir nicht gut geht und du negative Gefühle in dir hast, ob es nicht sein kann, dass sich diese auf dein Kind übertragen haben. Kinder sind so wunderbar feinfühlig. Sie spüren viel mehr als man denkt. Wir haben vor ein paar Jahren eine Familie kennengelernt und die Mutter war etwas traurig, weil der kleine Sohn ein absolutes Papa-Kind war und er, sobald der Papa da war, keine Augen mehr für die Mama hatte. Als wir uns näher kennenlernten, erfuhr ich, dass der Vater an einer mittelschweren Depression litt und sehr oft unglücklich und unzufrieden war. Danach war mir klar, warum der kleine Mann sich immer zum Papa hingezogen gefühlt hatte. Er hatte gespürt, dass der Papa Hilfe brauchte und wollte für ihn da sein. Nachdem der Vater sich Hilfe geholt und wieder mehr Freude in seinem Leben hatte, ist der Junge von ganz alleine wieder öfter zuerst zu Mama gegangen. Für ihn war wieder alles „im Lot".

Vorwürfe und Schuldzuweisungen

Je mehr ich mich mit den Themen Psychologie, Kindesentwicklung und Erziehung beschäftige, desto mehr Respekt und Ehrfurcht habe ich vor unserer Erziehungsaufgabe. Aus meiner Arbeit als Coach und auch aus Gesprächen mit Freunden und Bekannten weiß ich, welche große Bedeutung damals unachtsam oder im Groll ausgesprochenen Worte im späteren Erwachsenenleben haben können. Auch wenn es mir oft auf der Zunge liegt und ich meinen Frust ab und zu mal gerne bei meinen Söhnen parken würde, halte ich mich zurück, weil ich weiß, dass sie für diese oder jene Entwicklung nichts können. Gerade Generalisierungen wie „immer machst du", „ständig", „nie" oder auch Zuschreibungen wie „du bist…" sollten nur mit Bedacht eingesetzt werden. Das, was nach „du bist…" kommt, setzt sich tief im Bewusstsein und später im Unterbewusstsein fest. Darum achte ich darauf zu sagen, „Was du da gemacht hast ist xy" oder „dein Verhalten ist gerade xy" statt „du bist …".

Das, was in deinen Gedanken nach „ich bin…" kommt, bestimmt deine Realität. Das was du über dich selbst glaubst, führt zu den Gedanken, Gefühlen und Handlungen, die wiederum die sichtbaren Ergebnisse in deinem Leben produzieren.

Vorwürfe und Schuldzuweisungen führen selten zum gewünschten Ziel und stampfen stattdessen kleine Pflänzchen platt.

Warum ist mein Kind nur so aufgedreht? Das halte ich oft nicht aus....

...höre ich ab und zu von Klientinnen mit kleinen Kindern.

Die Antwort kann ganz einfach sein. **Zucker**! Trotz aller Aufklärung durch diverse Medien ist in vielen Köpfen noch nicht angekommen, welche Wirkung Zucker auf den menschlichen Körper hat. Auch hier reagiert wieder jeder Körper anders. Es gibt Kinder, die können eine ganze Packung Gummibärchen essen und sitzen immer noch in einer Ecke und spielen stundenlang mit Bausteinen und dann gibt es wiederum Kinder, die drehen schon richtig auf, wenn sie einen einzigen Schokoriegel gegessen haben. Wenn sie dann noch irgendwo lieb am Tisch oder stundenlang im Auto sitzen sollen und keine Chance haben, die überschüssige Energie loszuwerden, ist Theater vorprogrammiert. Wären die Kinder viel mehr draußen und hätten mehr Gelegenheit, sich auszutoben, würden viele Probleme gar nicht erst entstehen. Wie soll sich ein Kind, das morgens Flakes mit extrem viel Zucker bekommt, dann zur Schule gefahren wird und sich in den

Pausen zwei süße Schnitten reindreht, im Unterricht konzentrieren können? Vom Übergewicht mal ganz abgesehen...

Bitte nicht falsch verstehen. Wir sind keine Ökos und ich liebe Schokolade. Natürlich gibt es bei uns Süßes und vielleicht auch an dem ein oder anderen Tag etwas zu viel. Nur kann ich dann die Verantwortung übernehmen, wenn meine Kinder eben nicht mit Bausteinen spielen wollen, sondern Kissenschlacht. ;-)

Ein weiterer möglicher Aspekt: „**Überbeschäftigung**"

Manche Kinder haben es nicht gelernt, allein und in Ruhe zu spielen, weil sie von übereifrigen Eltern oder Großeltern ständig während des Spiels gestört werden. Was gut gemeint ist, erschwert es den Kleinen später, konzentriert über einen längeren Zeitraum bei einer Sache zu bleiben. Wir sollten wieder dahin kommen, die Kinder weniger zu entertainen und ihnen stattdessen mehr Raum geben, um sich in aller Ruhe mit ihrem Spielzeug, mit Alltagsgegenständen, mit Bilderbüchern und sich selbst zu beschäftigen.

Was du von deinem Kind lernen kannst

Birne essen

Eines Morgens saßen mein älterer Sohn und ich in der Küche und aßen Birne. Während wir so vor uns hin kauten, war ich in Gedanken schon dabei, den kompletten Tag zu planen und zu strukturieren. Als ich ihn fragte, ob wir denn jetzt gleich auf den Spielplatz gehen wollen, sagte er zu mir „Nein...Birne essen.". Ich war baff und erstmal still. Da saß ein 2-Jähriger vor mir, der mir klar machte, wie wenig ich selbst im Moment lebte. Alle sprechen von Achtsamkeit und doch haben es die meisten verlernt, achtsam zu handeln. Dank meiner Kinder fällt es mir immer leichter, mich auf die Dinge zu konzentrieren, die wir gerade tun. Komplett einzutauchen und die Ereignisse wieder mit den Augen eines Kindes zu sehen. Auch mal albern sein und Sachen machen, die „man" als Erwachsener ja eigentlich nicht mehr macht.

Lass uns doch auf den Spielplatz gehen!

Ich habe lange Zeit geglaubt, dass ich den Kindern mehr Unternehmungen und Ausflüge ermöglichen muss. Es gab Tage, an denen ich einfach zu müde war, um beide Jungs ins Auto zu packen und mit ihnen in die Stadt oder in den Tierpark zu fahren. So blieben wir an vielen Tagen einfach im Garten oder sind auf die umliegenden Spielplätze gegangen. Begleitet hat mich dabei oft ein schlechtes Gewissen, weil andere Mütter viel mehr mit ihren Kindern unternommen haben. Eine Freundin von mir, der es genauso ging, erzählte mir kürzlich von einem schönen Moment, in dem sie eigentlich auch viel zu fertig war, um etwas Tolles mit ihren Kindern auf die Beine zu stellen und ihre Tochter einen wunderschönen Satz zu ihr sagte. Auf die Frage, ob sie heute einfach mal etwas zu Hause machen wollten, weil Mama so wenig geschlafen hat, sagte sie: „Mama, das ist doch vollkommen egal was wir machen. Hauptsache, wir sind zusammen." Das ist so rührend und zeigt einmal mehr: Kinder brauchen nicht jeden Tag Disneyland. Sie brauchen eine Mama, die auch auf ihre Bedürfnisse achtet und die Zeit mit ihren Kindern genießen kann. Einfach nur miteinander sein. Ohne Ansprüche, ohne Erwartungen und vor allem...ohne Leistungsdruck! Der ist hier sowas von fehl am Platze.

Es ist okay, einfach nur mal so in die Gegend zu schauen

Kinder können noch träumen. Es gibt Momente, in denen ich meine Kinder nicht ansprechen kann, weil sie total versunken sind. In ihre eigenen Gedanken, ins Spiel mit Bausteinen oder eingetaucht in die Welt eines Bilderbuchs. Kinder haben noch die Fähigkeit, sich komplett fallen zu lassen. Und dafür sollten sie auch unbedingt Raum und

Zeit haben. Astrid Lindgren[12] hat sinngemäß einmal gesagt, man brauche doch auch noch Zeit, einfach mal in die Gegend zu schauen. Diesen Spruch habe ich kürzlich bei einer guten Freundin auf der Terrasse gelesen. So schön und so wahr. Sei mal ehrlich! Was tust du in Momenten, in denen sich plötzlich ein Freiraum von fünf Minuten ergibt? Wäsche anstellen, Handy gucken? Ich glaube, dass es enorm wichtig für unsere psychische Stabilität und unsere Gesundheit insgesamt ist, dass wir uns gezielt Ruhepausen gönnen, in denen wir nichts tun, außer die Natur zu beobachten oder uns Dinge ganz achtsam bis ins Detail anzusehen (z.B. eine Blume auf dem Schreibtisch). Einfach sein. Atmen. Ruhe einkehren lassen in der sonst so trubeligen Zeit. An dieser Stelle auch noch ein Appell, falls du glaubst, dass deine Kinder möglichst viele Aktivitäten neben Schule, Kita oder Kindergarten haben sollten, damit sie optimal aufs Leben vorbereitet werden. Weniger ist mehr. Kinder brauchen Zeit, Ruhe und auch mal Langeweile. Denn nur so entsteht Kreativität. Ich sehe in meinem privaten Umfeld und auch bei meinen Klienten, dass die Kinder, die mit Spielzeug überschüttet und von einem Termin zum anderen gezerrt werden, diejenigen sind, die schon in jungen Jahren Anzeichen von Stress, Überforderung und psychosomatischen Beschwerden zeigen. Hab keine Angst, dass dein Kind zurückbleibt, nur weil es mit fünf Jahren noch kein Instrument spielt und „das richtige" Hobby noch nicht gefunden hat. Es kommt alles, wenn der richtige Zeitpunkt da ist. Kinder entwickeln sich und was

---

[12] schwedische Schriftstellerin, 1907 – 2002

sie dafür brauchen, sind Raum, Zeit und eine liebevolle Begleitung. Oder um es mit einem chinesischen Sprichwort zu sagen. „Wenn die Zeit nicht reif ist, kann nichts es geschehen machen. Wenn sie reif ist, kann nichts es verhindern." Dies ist eines meiner Lieblingszitate, weil es mich sooft daran erinnert, dass alles gut ist und alles zu seiner Zeit kommt. Vielleicht spricht es dich auch an und findet den Weg auf ein Post-it an deinem Kühlschrank.

Für dein Kind bist du die Welt!

Wahrscheinlich kennst du Momente, in denen du einfach mal deine Ruhe haben möchtest. Fünf Minuten. Niemand will etwas, niemand schreit, niemand redet. Stille…und gerade in dieser Zeit, als wenn sie es spüren würden, sind deine Kinder besonders anhänglich oder fordernd. Was kannst du also tun, um dir ein Drama zu ersparen? Entweder du versteckst dich im Kleiderschrank (kleiner Scherz) oder du wendest dich deinen Kindern zu. Sie spüren, wenn dich etwas beschäftigt und sind verunsichert, wenn Mama sich Sorgen macht, Angst hat oder einfach mal mit den Kräften am Ende ist. Nimm sie in den Arm und sage ihnen, dass du kurz Zeit für dich brauchst und gleich wieder für sie da bist. Für deine Kinder bist du die Welt. Und die Zeit, in der sie dich intensiv brauchen, geht schneller vorbei als dir lieb ist. Wie du deinen Akku wieder aufladen und deine Kräfte sammeln kannst, zeige ich dir in den folgenden Kapiteln. Eines solltest du nur nie tun: Deinen Kindern das Gefühl geben, dass sie für dich eine Belastung oder ein

Klotz am Bein sind, auch wenn es sich in manchen Momenten für dich so anfühlt.

Deine Kinder lieben dich über alles und tun nichts, weil sie dich ärgern wollen.

„Kinder brauchen die meiste Liebe, wenn sie sie am wenigsten verdient haben", hat vor Jahren eine Freundin mit erwachsenen Kindern gesagt, als ich mal sehr verzweifelt war. Und sie hatte recht. Ich habe in Momenten, in denen ich hätte schreien können, meinen Sohn auf den Schoß genommen, ihn gedrückt und gesagt, dass ich ihn liebhabe. Es ist fast magisch, wie sich verfahrene Situationen auflösen und zum Guten wenden, wenn man selbst bereit ist, seine Muster zu durchbrechen und mal einen ungewöhnlichen Weg zu wählen….

Dein Partner und du – so bleibt ihr ein Team

Warum gibt es dieses Kapitel? Weil Glück und Erfolg zu Hause anfangen! Das bedeutet, dass du nie wirklich ausgeglichen und in deiner vollen Kraft sein kannst, wenn die Beziehung zu deinen Familienmitgliedern gestört ist oder ihr euch gegenseitig herunterzieht. Eine harmonische Beziehung ist für dich und deinen Partner wichtig, aber vor allem für deine Kinder. Nicht nur, weil es viel schöner ist, wenn man die Eltern Arm in Arm sieht, statt streitend, sondern weil ihr jetzt mit beeinflusst, wie eure Kinder später ihre Beziehungen führen werden. Auch wenn es manchmal anstrengend ist, lohnt es sich, an der Beziehung zu arbeiten, damit man sich nicht aus den Augen verliert.

Wie habe ich anfangs geschrieben? Kein Stein mehr auf dem anderen? Ich glaube, auf das Thema Beziehung trifft diese Aussage besonders zu. Vom Paar zu Eltern werden und dennoch Paar bleiben ist keine leichte Aufgabe. Je nachdem wie ihr euch in eure Rolle einbringt, wie viel ihr bereit seid, für die Kinder zu geben und wie der Nachwuchs euch fordert, wird es euch leichter oder schwerer fallen, eine harmonische Paarbeziehung zu führen.

Was oft passiert ist, dass der Partner für einige Zeit komplett hinten runterfällt, weil man einfach keine Energie, Zeit und Lust übrighat, sich neben den lieben Kleinen am Ende des Tages auch noch um eine weitere Person zu kümmern. Das ist für Männer oft schwer zu verdauen, weil sich die Partnerin von 100 auf annähernd 0 nur noch um die Kinder, nicht aber um ihn, kümmert.

Wenn dann auch aufgrund von Stress, Schlafmangel und allgemeiner Anspannung noch die Nerven blank liegen, ist Zoff vorprogrammiert. Der Partner verzeiht es einem ja... Das ist überhaupt ein sehr spannendes Phänomen. Nie würde man so mit Bekannten oder Freunden umgehen, wie man es mit dem Partner oder den Eltern macht.

Vielleicht fragst du dich gerade, wovon ich schreibe und bei dir ist alles super. Du hast einen Partner, der ein grenzenloses Verständnis für üble Laune nach anstrengenden Tagen hat und dich unterstützt, wo er nur kann. Dann kannst du dich wirklich sehr glücklich schätzen. In den meisten Fällen sieht es leider anders aus.

Nicht aus bösem Willen, sondern weil man sich einfach ein wenig aus den Augen verliert, wenn man nicht aufpasst, weil man erst einmal damit klarkommen muss, dass man ganz viele Freiheiten, die man früher hatte, nicht mehr hat und weil sich angestaute Gefühle hin und wieder einfach mal entladen müssen.

Jetzt kommt für dich wahrscheinlich keine Überraschung, aber das A und O ist, dass ihr miteinander redet und dass ihr miteinander in Kontakt bleibt. Erst vor kurzem sagte eine Mutter zu mir: „Ach, der ist mir jetzt egal mit seinen Launen. Ich mach mein Ding, gucke, dass es den Kindern gut geht und der Rest ist mir erstmal wurscht. Keine Ahnung, wo die Reise hingeht." Ich schon. Wenn sie diese „Reise" so fortsetzt, werden die beiden in ein, zwei oder spätestens fünf Jahren kein Paar mehr sein, sie alleinerziehend und die Kinder Scheidungskinder. Es bringt nichts, den Kopf in den Sand zu stecken. Auch wenn du dir gerade denkst, dass du im Moment nicht noch eine Baustelle gebrauchen kannst. Nehmt euch Zeit für einander und versucht, wieder in eine Richtung zu blicken. Wenigstens ein Abend im Monat sollte drin sein, an dem alles andere unwichtig ist.

Andrew Matthews schreibt in seinem Buch „Tu, was dir am Herzen liegt" [13], dass eine Frau bezüglich der Eigenschaften ihres Mannes zwei Listen habe. Die Liste einer Ehefrau und die einer Witwe. Auf der Liste einer Ehefrau stehen all die Dinge, die der Mann falsch oder ungenügend macht, womit er nervt, wo er Schmutz und Unordnung verbreitet und so weiter. Auf der Liste einer Witwe stehen all die positiven Dinge, die ihr fehlen würden, wenn der Mann am Abend nicht mehr nach Hause käme. Das Buch ist wirklich sehr humorvoll geschrieben und, was Lebensweisheiten angeht, so ziemlich das Beste, was mir bis jetzt in die Hände gefallen ist. Matthews schreibt dazu weiter sinngemäß: „Wenn man denn schon zwei Listen haben muss, sollte es dann nicht lieber umgekehrt sein?" Dass man sich auf die positiven Dinge konzentriert und wenn der Mann irgendwann nicht mehr da sein sollte, sagt, „Naja, und seine Socken lagen eh auch überall herum." ;-)

Was ich damit sagen möchte ist, dass es nichts bringt, jemandem Vorwürfe zu machen. Schon gar nicht, wenn die Zeit zu Hause gerade stressig ist. Ändern kannst du deinen Partner sowieso nicht. Ändern kannst nur du dich selbst und deine Art zu kommunizieren und auf ihn zuzugehen.

---

[13] " VAK Verlag, 11.Auflage, Oktober 1997

Hier sind deine Schlüssel für eine harmonischere Beziehung:

Schlüssel 1: Klare Kommunikation

Vielleicht redet ihr einfach aneinander vorbei und er versteht nicht, was du willst.

1. **Formuliere** die Dinge, die dein Partner für dich tun soll oder schon längst hätte tun sollen, **als Wunsch**. Nicht als Vorwurf!

    -   Statt: „Du hast ja immer noch nicht den Gartenzaun gestrichen." könntest du sagen „Schatz, ich würde mich freuen, wenn du das am Wochenende hinbekommst." oder „Lass uns das doch zusammen machen. Wie kann ich dir dabei helfen?"

2. **Kommuniziere klar und prägnant**. Achtung, jetzt folgt ein wenig Selbstironie. Viele Männer – und ja, meiner gehört auch zu dieser Gruppe – neigen dazu, bei längeren Litaneien (gehäufte und umfangreiche Erzählungen von mehr oder weniger wichtigen Dingen) irgendwann abzuschalten. Sie sind dann quasi im Standby-Modus. Manche perfektionieren sich sogar dahingehend, dass sie dir an den richtigen Stellen

mit „Ja" oder „Nein", „Oh", oder „Echt?" antworten, ohne zu wissen, worum es inhaltlich geht. Sie erkennen es einfach an deiner Stimmlage und deiner Betonung. Das Ende vom Lied ist, dass er viele Dinge nicht weiß oder vergisst, weil er an der wirklich wichtigen Stelle nicht hingehört hat. Daraus habe ich persönlich zwei Dinge gelernt:

1. **Klar kommunizieren**. Es gibt „Gedankenleser", die reagieren sofort, wenn du zum Beispiel sagst, „Mir ist warm" und öffnen im Sommer das Fenster. Und dann gibt es die, die eine sehr klare Kommunikation brauchen wie „Kannst du bitte das Fenster öffnen, mir ist warm", weil sie alles andere als Information und nicht als Bitte auffassen. Zur zweiten Gruppe gehören erfahrungsgemäß die meisten Männer. ;-)

Durch meine NLP-Ausbildungen und die Beschäftigung mit den sogenannten Metaprogrammen (Sprachmustern), die Rückschlüsse auf unsere Informationsverarbeitung und unsere Motivationsfaktoren zulassen, ist mir für die Kommunikation in meiner Ehe so einiges klar geworden. Seitdem gibt es viel weniger Missverständnisse, weil der jeweils andere weiß, welche Sprache er sprechen muss, damit er verstanden wird und die Botschaft ankommt. Wenn dich das Thema auch interessiert, kannst du ganz einfach meinen Workshop „Harmonische Beziehungen" besuchen, oder du liest das Buch „Wort sei Dank" von Shelle Rose Carvet[14].

2. **Beschränke dich auf die wichtigen Informationen**. Ich rede insgesamt weniger, damit die wichtigen Dinge ankommen und nicht irgendwo untergehen. Loriot[15] hat einmal gesagt, „Das Geheimnis einer glücklichen Ehe liegt darin, dass sie manchmal ein wenig blind ist und er ein wenig taub."
Da gebe ich ihm vollkommen recht. Natürlich nur, wenn „er" in den richtigen Momenten „auf Sendung" ist. ;-)

Schlüssel 2: Aufmerksamkeit

Befindet ihr euch noch in der Neukundenakquise oder schon in der Bestandskundenbetreuung?

Ich finde diesen Vergleich von Tobias Beck[16] sehr lustig und vor allem passend.

---

[14] Jungfermannsche Verlagsbuchhandlung, 5. Auflage,1998
[15] deutscher Humorist 1927-2011
[16] einer der derzeit populärsten Trainer und Speaker in Deutschland

Am Anfang der Beziehung legt sich jeder unheimlich ins Zeug und tut alles, um den Partner davon zu überzeugen, dass man füreinander geschaffen ist. Man verbringt viel Zeit miteinander, liest dem anderen jeden Wunsch von den Augen ab und überrascht mit Aufmerksamkeiten, Geschenken, Nähe.

Und dann? Mit der Zeit – wenn man nicht aufpasst – kommt der fiese Alltag dahergeschlichen und verwandelt deinen Partner in eine Person, die dir häufiger auf den Keks geht, dir zusätzliche Arbeit macht oder dir bei weitem nicht die Zuneigung entgegenbringt, die du erwartet hättest. Und Zack – bist du in der Bestandskundenbetreuung. Man redet nur das Nötigste miteinander, schaut den anderen oft gar nicht mehr richtig an und kümmert sich mehr oder weniger um seinen eigenen Kram. Wohin das führt – das brauche ich dir wahrscheinlich nicht zu sagen.

Also probiere doch einfach mal aus, wie es sich anfühlt, wieder in die Anfangszeit zurück zu wechseln. Dazu kannst du eine einfache Technik aus dem Neurolinguistischen Programmieren (NLP) nutzen.

Wie hast du dich gefühlt, als ihr euch kennengelernt habt? Versuche gedanklich in diese Zeit zurückzugehen und spüre das Gefühl von damals, als wäre es immer noch genauso präsent. Lasse vor deinem inneren Auge einen Film aus dieser Zeit ablaufen. Mit hellen, intensiven Farben. Nimm mit allen Sinnen wahr, wie diese Zeit auf dich/euch gewirkt hat.

Dann frage dich, was genau du damals getan hast, um deinen Partner für dich zu gewinnen. Was davon kannst du tun, wenn du deinen Schatz heute siehst, um euch wieder in die Anfangszeit zurück zu katapultieren? Du wirst überrascht sein, was allein diese kleine Visualisierung bewirken kann.

Schlüssel 3: Mache den Anfang!

Oft höre ich, dass sich Menschen über ihren Partner beschweren, weil er irgendwelche Dinge tut, die dem anderen missfallen und andere Dinge wiederum nicht tut, die er hätte tun sollen.

„Er liegt abends nur vor dem Fernseher rum und hört mir gar nicht richtig zu".

„Sie nörgelt den ganzen Tag. Nie kann man es ihr recht machen".

Wenn ich dann die Frage stelle: Was machst du denn für ihn? Oder sie? Dann bekomme ich oft zur Antwort:

„Wieso sollte ich was tun? Der oder die macht doch auch nichts für mich".

Klingt nach Kindergarten? Ein bisschen schon.

Wenn du eine Veränderung in deinem Leben – in diesem Fall eine bessere Beziehungsqualität – haben willst, dann mach du den ersten Schritt. Sei du die Veränderung, die du dir wünscht und du wirst sehen, es ist plötzlich ganz leicht. Du wirst erstaunt sein, wie sich dein Partner verändert, wenn du deinen Kurs korrigierst.

Das gilt natürlich nicht nur für Partnerschaften, sondern für alle Beziehungen zu anderen Menschen.

Manchmal sind es nur kleine Gesten, kleine Aufmerksamkeiten oder ein Lächeln, die dafür sorgen, dass es der ganzen Familie richtig, richtig gut geht.

Und nun, wo du schon so viel zum Thema „Kraft der Gedanken, innere Einstellung und Verantwortung" übernehmen weißt, starten wir in den Coachingteil. Zunächst kommen im folgenden Kapitel die Tools, die du nutzen kannst, um langfristig ein dickeres Fell zu bekommen und danach lernst du im Kapitel „Coachingtools für stürmische Zeiten", was dir helfen kann, wenn es mal so richtig heiß her geht.

Viel Freude beim Entdecken und Ausprobieren!

Wie dein Akku lange voll bleibt

Du bist oder wirst Mama und hast somit einen der wichtigsten, schönsten und zugleich anstrengendsten Jobs, die es gibt, gerade wenn deine Kinder im Baby- oder Kleinkindalter sind und du sehr gefragt bist, wenig schläfst und noch peu à peu die anderen Aufgaben wie Arbeit, Haus, Garten und Co. dazu kommen. All das ist nur zu schaffen, wenn du gut auf dich achtest und aufpasst, dass deine Batterien sich nicht so schnell entladen.

Du bist der Dreh- und Angelpunkt in der Familie und es hat nichts mit Egoismus zu tun, wenn du auch mal nur an dich denkst. Im Gegenteil. Wenn es der Mutter nicht gut geht, leidet die ganze Familie, also stelle bitte früh genug die Weichen, damit es gar nicht erst so weit kommt.

Fabienne Bill[17] drückt es so aus:

„Nicht ohne Grund wird im Flugzeug gesagt, dass man sich selbst zuerst die Sauerstoffmaske aufsetzen soll, bevor man anderen Menschen hilft".

Wie willst du für deine Familie da sein, wenn es dir nicht gut geht?

Achte bitte drauf, dass du immer wieder kleine Oasen im Alltag hast, in denen du auftanken kannst. Viele Frauen setzen die Prioritäten falsch und meinen anfangs, dass es wichtiger ist, den Vorgarten oder den Abwasch zu erledi-

---

[17] Trainerin, Life-Coach und Buchautorin

gen, statt sich hinzulegen, wenn das Baby schläft. Sie essen zwischen Tür und Angel und oft im Laufen die Essensreste, die die Kinder auf den Tellern gelassen haben und kippen diese mit einer Tasse lauwarmen Kaffees oder Tees herunter, weil sie nicht dazu gekommen sind, ihn rechtzeitig und im warmen Zustand zu trinken.

An Sport ist oft nicht zu denken, weil man abends wie ein Maikäfer aufs Sofa fällt und froh ist, dass der Tag geschafft ist oder wie eine Mutter im Coaching zu mir sagte: „Oft liege ich abends einfach mit den Kindern im Kinderzimmer auf dem Fußboden und die Kleinen krabbeln auf mir herum, weil ich viel zu müde bin, um irgendetwas zu spielen."

Kommt dir das bekannt vor? Dann wird es allerhöchste Eisenbahn, etwas zu ändern. Die folgenden Tipps und Übungen dienen dazu, dich langfristig zu stärken.

Tipp 1: Oasen im Alltag

Bitte schreibe dir eine Liste mit all den Dingen, die dir Freude machen und die dir guttun. Zehn Minuten einfach drauf losschreiben und nicht viel darüber nachdenken. Das können längere Aktivitäten sein, die ein paar Stunden in Anspruch nehmen wie z.B. ein Saunabesuch, oder aber 30 Minuten walken, irgendein Duft wie zum Beispiel Mandarine (Aromaöl), Lieblingslieder, ein Spaziergang, eine Atemübung (dazu kommen wir später auch noch), eine Tasse Kaffee oder Tee, Urlaubsbilder, mit dem Haustier kuscheln und, und, und. Schreibe alles auf, was dir einfällt und hänge dir die Liste an einen Ort, an dem du sie öfter siehst. Suche dir bitte für jeden Tag mindestens zwei dieser Dinge heraus und für die, die länger dauern, organisierst du dir bitte mindestens einmal im Monat eine Oma, eine Nachbarin oder einen Babysitter, damit du mal für ein paar Stunden die Seele baumeln lassen kannst. Baue in deinen Alltag zwischendurch kleine Inseln ein, die dir Freude bereiten und belohne dich selbst dafür, dass du so eine tolle Frau und Mutter bist.

Du bist kein Roboter, der rund um die Uhr für die Bedürfnisse anderer zur Verfügung steht und Tag für Tag eine Aufgabe nach der anderen abarbeitet. Du bist trotz aller Herausforderungen eine Frau mit all ihren Wünschen, Träumen und Bedürfnissen und für die soll und muss es Platz im Alltag geben. Achte auf dich selbst, nimm dir Zeit, deinen Körper zu pflegen, dir etwas Schönes anzuziehen und es dir einfach mal gut gehen zu lassen.

Damit machst du dir und deiner Familie das größte Geschenk. Es mag sein, dass es im ersten Moment Nörgeleien oder Unverständnis gibt, wenn du dich für ein paar Stunden aus dem Familienalltag herausziehst. Langfristig zahlt es sich aber mehr als aus und deine Familie bekommt eine glückliche und ausgeglichene Mama bzw. Ehefrau. Wie sagt man so schön: Happy wife – happy life ☺

Tipp 2: Schreibe ein Glückstagebuch

Falls du dir schon ein schönes Buch zum Eintragen gekauft hast, kannst du es auch gleich als Glückstagebuch verwenden.

In dein Glückstagebuch trägst du abends mindestens drei Dinge ein, die an diesem Tag gut gelaufen sind, auf die du stolz oder wofür du dankbar bist. Es gibt mit Sicherheit anfangs Tage, an denen dir diese Übung noch schwerfällt. Mit der Zeit wird es immer leichter. Schon kleinste Dinge zählen. Das ist langfristig nicht nur gut für deine Stimmung, sondern auch für dein Selbstbewusstsein. Ein weiterer, interessanter Fakt ist, dass dein Unterbewusstsein sich nachts überwiegend mit dem beschäftigt, was du abends erlebt, gesehen, gehört oder woran du kurz vor dem Einschlafen gedacht hast. Da lohnt es sich doch, ein paar Minuten zu investieren und den Tag positiv abzuschließen, oder?

Tipp 3: Erfolge feiern!

Wir Frauen neigen oft dazu, unser Licht unter den Scheffel zu stellen. Wenn wir etwas gut gemacht haben, dann ist das doch „selbstverständlich" oder „noch nicht genug". Fang an, dir Gutes zu tun, dich selbst zu belohnen und deine Erfolge zu feiern!

Wenn du beispielsweise abnehmen möchtest und du schon fünf von zehn Kilo geschafft hast, dann feiere das!

Kauf dir ein schönes Halstuch, ein Armband oder was auch immer. Auch wenn du sonst eher sparsam bist, so ist es wichtig, dass du selbst anerkennst, was du geleistet hast. Damit meine ich natürlich nicht nur das Abnehmen, sondern viel wichtiger, den alltäglichen Job, den du super machst! Triff dich regelmäßig mit deinen Freundinnen, veranstalte z.B. einen Mädelsabend im Monat, schenke dir und deinem Schatz Kino- oder Theaterkarten oder gönne dir etwas anderes, was dir guttut. Einfach, weil du es dir wert bist und stolz auf das, was du geleistet hast!

Eine Freundin von mir hat 20 kg abgenommen. Wow würde ich sagen! Sie sieht klasse aus! Eine tolle Frau mit einer sehr positiven Ausstrahlung. Ihr selbst sind es noch fünf Kilo zu viel und alles in allem könnte sie noch etwas trainierter sein, meint sie…. Ich bin fast nach hinten übergekippt, als sie das sagte. Wenn Radmarathonfahrer sich immer nur auf den Weg konzentrieren würden, der am Berg vor ihnen liegt und nicht den Fokus zwischendurch auf die bereits gefahrene Strecke und das bereits Erreichte legen würden, sie würden niemals am Ziel ankommen…

Erfolg besteht aus Ergebnissen und Erlebnissen. Wann hast du dich zuletzt mit einem Erlebnis belohnt und deine Ergebnisse gefeiert?

Tipp 4: Achte auf deine Gedanken

Im Kapitel Karriereknick findest du zu diesem Thema schon ein paar Anregungen. Achte auf deine Gedanken, denn sie beeinflussen deine Einstellung, deine Handlungen und somit die Ergebnisse in deinem Leben. Wenn du an dem Punkt bist, an dem du total genervt und „ab von der Rolle" bist, dann ist es höchste Zeit, kurz inne zu halten und eine Bestandsaufnahme zu machen.

Stelle dir bitte die folgenden Fragen:

- Was läuft hier gerade verkehrt?
- Was habe ich selbst dazu beigetragen?
- Was kann ich in Zukunft anders machen?
- Was kann ich genau in diesem Moment tun, damit sich die Situation zum Guten wendet?

Im Anhang findest du noch weitere „stärkende Fragen" zum Weiterarbeiten.

Jede Medaille hat zwei Seiten und jede Situation kann man aus mehreren Perspektiven betrachten. Im NLP spricht man von Reframing. Man gibt den Dingen einfach einen anderen Rahmen und schon ist die Sichtweise und die Bewertung eine andere. Im Kapitel „Coachingtools für stürmische Zeiten" gehen wir auch noch einmal intensiver auf dieses Thema ein. Was bedeutet Reframing nun?

Ich gebe dir ein Beispiel:

Deine Kinder kommen strahlend aus dem Garten, sind von oben bis unten vollgematscht und tragen Sand mit ins Haus, obwohl du gerade geputzt hast. Über den Schmutz freut sich bestimmt niemand.

Mutter 1 könnte jetzt denken: „Na toll, alles für den Eimer. Und wie die wieder aussehen. Schon wieder Wäsche waschen. Ständig habe ich so viel Arbeit, wieso müssen die sich so schmutzig machen?"

Mutter 2 denkt derweil: „Ach herrje...jetzt bringen die den ganzen Sand hier rein. Aber wie glücklich sie sind. Sie sehen aus, als hätten sie jede Menge Spaß gehabt."

Mama 2 schenkt den Kindern ein Lächeln, spricht aus, was sie sieht „Na, ihr hattet aber eine tolle Zeit, was? Hier sieht es ja jetzt aus wie bei den Hottentotten" und macht den Sand später mit den Kleinen zusammen weg. Auch 3-Jährige freuen sich, wenn sie mit anpacken und der Mama mit dem Kehrblech helfen können.

Ein und dieselbe Situation, zwei total unterschiedliche Sichtweisen, Reaktionen, Ergebnisse.

Hier noch ein paar weitere Reframings, damit du ein Gefühl dafür entwickeln kannst, wie man die Ereignisse zum Positiven umdeuten kann.

<u>Er geht nach der Arbeit direkt zum Sport</u>

a) Wahrscheinlich hat er keine Lust, den Abend mit mir zu verbringen

b) Schön, dass er etwas für seine Gesundheit und für seinen Körper tut, dann kommt er ausgeglichen nach Hause und wir machen uns eben morgen einen schönen Abend

Deine Kinder stehen nachts immer noch mehrfach auf, obwohl sie das Babyalter längst hinter sich gelassen haben und durchschlafen sollten

a) Ich halte das nicht mehr aus. Ständig kommen die an. Reicht es nicht, dass ich tagsüber schon die ganze Zeit springe?

b) Er/ Sie ist so süß. Und er/ sie braucht mich. Die Nächte, in denen er/ sie unter meine Decke krabbelt, werde ich in ein paar Jahren wahrscheinlich vermissen. Auch wenn ich morgen vielleicht etwas müde bin, genieße ich jeden einzelnen Moment.

In deiner Wohnung stapeln sich Berge voller Wäsche

a) Immer bleibt das an mir hängen. Wie kann man mit xy Personen nur so viel Wäsche produzieren?

b) Uns geht es gut. Alle haben genug zum Anziehen.

Probiere einmal die Dinge, die dich aktuell belasten in einem anderen Licht zu betrachten.

Letzten Endes bleiben die Dinge, wie sie sind. Sie sind einfach da. Wie du dich damit fühlst und was du darüber denkst, bleibt deine eigene Entscheidung. Was du denkst, beeinflusst wiederum deine Gefühle, dein Verhalten, du weißt schon Bescheid…

Für mich war es ein wahrer Augenöffner festzustellen, dass das, was für uns in Deutschland mit das Schlimmste ist, was uns passieren kann, nämlich arbeitslos zu werden und auf Sozialleistungen angewiesen zu sein, vom Staat eine Wohnung, Essen und Kleidung finanziert zu bekommen, für Millionen Menschen auf der Welt das Beste wäre, was ihnen je passieren könnte.

Tipp 5: Gehe Energiefressern aus dem Weg

…denn für die hast du absolut keine Zeit und auch keine überschüssige Energie.

Gehe bitte mal dein Telefonbuch durch und überlege, mit welchen der Menschen, die du dort findest, du dich gut fühlst und mit denen du positive Dinge verbindest. Dann filtere die heraus, die dir nicht guttun und dir vielleicht sogar schaden.

Du bist die Summe der fünf Menschen, mit denen du dich am meisten umgibst. Wenn du glücklich und zufrieden sein möchtest, solltest du nicht zu viel Zeit mit Menschen verbringen, die ständig nörgeln, dich klein machen oder herunterziehen wollen. Deine Zeit ist wertvoll und kostbar, daher überlege dir gut, mit wem du sie teilen möchtest.

Du bist nach „Muttitreffs" immer total fertig und ausgelaugt? Dann bleib da weg und verabrede dich einfach mit einer einzigen Mutter und ihren Kindern. Dein Kind wird auch ohne Babymassage, Babyschwimmen oder diverse andere Kurse groß (Anmerkung: Die angesprochenen Angebote sind wirklich klasse und die Menschen, die ich kenne und die diese Kurse anbieten, machen es mit so viel Herzblut und Engagement. Ich meine nur, dass keine Frau ein schlechtes Gewissen haben sollte, wenn ihr diese Aktivitäten, aus welchem Grund auch immer, zu viel sind.) Wenn es für dich nur Stress bedeutet, lass es einfach bleiben.

Gibt es Bekannte, Nachbarn und Freunde, die immer nur zu dir kommen, wenn sie Probleme haben, die aber umgekehrt nicht für dich da sind, wenn es dir mal schlecht geht? Du kannst schlecht Nein sagen? Musst du auch nicht. Eine einzige Frage kann dir helfen, Nörglern und Energievampiren Einhalt zu gebieten.

„Und wie kann ich dir dabei helfen?" Wahrscheinlich wirst du einen verdutzten Blick ernten. Danach kommt wahrscheinlich ein: „Ach ich wollte es nur mal erzählen", oder „Eigentlich gar nicht...Themawechsel!".

Lass dich nicht mit den Problemen anderer zumüllen, die keine wirklichen Probleme sind. Natürlich sollst du für deine Freunde und deine Familie da sein, wenn sie dich brauchen, aber du darfst lernen, deine Grenzen zu setzen. Energievampire spüren ganz genau, mit wem sie es machen können...

Tobias Beck sagt in diesen Momenten „Für dieses Gespräch stehe ich nicht zur Verfügung." Das ist wirklich für Fortgeschrittene. Irgendwann in meinem Leben möchte ich diesen Satz auch einmal anbringen. Bis jetzt habe ich es auch noch nicht geschafft, aber vielleicht ist er dir für ganz dreiste Personen nützlich. ☺

Tipp 6: Gönnt euch Auszeiten als Familie

Nicht nur du selbst, sondern auch ihr als Familie braucht Auszeiten, Erlebnisse, kleine Abenteuer, die euch zusammenschweißen und an die ihr euch gerne zurückerinnert. Raus aus dem Alltag, Tasche packen und rein ins Vergnügen. Es muss auch gar nichts Teures sein. Viele glauben, die Kinder sind nur glücklich und zufrieden, wenn sie so richtig was geboten kriegen. Einen Freizeitpark, einen großen Zoo oder eine andere „Attraktion". Meistens sind es aber die kleinen Dinge, die für die Kinder viel schöner sind und lange in Erinnerung bleiben und der Vorteil ist – man beschäftigt sich auch mehr miteinander. Gemeinsam im Wald aus Ästen ein Indianertipi bauen, im Sand buddeln oder eine Radtour mit Picknick machen. All das kostet nichts oder nicht viel und ist für alle ein schönes Erlebnis.

Bucketlist

Am besten macht ihr gemeinsam als Familie eine Liste mit den Dingen, die ihr einmal erleben möchtet. Allein oder gemeinsam. So könnt ihr euch an einem Abend hinsetzen und jeder kann erzählen, wovon er träumt und was er auf jeden Fall gerne einmal machen würde. Danach sortiert ihr das Ganze in kurzfristig, mittelfristig, langfristig und schaut, wann ihr was gemeinsam umsetzen könnt. Vorfreude ist die schönste Freude und gemeinsam Pläne schmieden macht nicht nur Spaß, sondern schweißt auch zusammen.

Ausflüge mit kleinem Budget

Vielleicht hast du dir gedacht, „Na toll, für all diese Dinge braucht man auch Geld und davon ist gerade in der Elternzeit nicht viel übrig." Da stimme ich dir absolut zu. Ich habe aber festgestellt, dass es ganz viele Dinge zu erleben gibt, für die man nicht viel Geld in die Hand nehmen muss. Schau einfach mal im Internet, welche Aktivitäten es in deiner Region gibt oder erkundige dich bei anderen Eltern. Bestimmt kommt hier der eine oder andere Tipp zusammen. Wir besuchen gerne mal eine alte Burg in der Nähe und kombinieren dies mit einem Picknick und einer kleinen Wanderung, machen Radtouren oder besuchen einen Tierpark in der Nähe, der noch nicht einmal Eintritt kostet. Bei uns in der Region Waldeck-Frankenberg – falls ihr mal einen Ausflug in meine Heimat plant – gibt es wirklich viele Möglichkeiten, einen schönen Familientag zu gestalten, ohne dabei arm zu werden. Bei Regenwetter muss es auch nicht immer gleich ein Indoorspielplatz sein. Wenn es nicht gerade Hunde und Katzen regnet, wetterfeste Kleidung und Gummistiefel an und raus in die Pfützen. Klar, hinterher ist alles schmutzig, aber die Kinder waren an der frischen Luft und hatten eine tolle Zeit. Und wer weiß, welche Tiere, Blätter und anderen Schätze man da draußen so finden kann. Warum schreibe ich darüber so ausführlich? Weil ich mir wünsche, dass bezüglich der freien Zeit mit den Kindern bei vielen ein Umdenken stattfindet. Früher habe ich auch oft überlegt, wie wir die Kinder „beschäftigen" können. Mit anderer Sichtweise ist es viel schöner, einen Tag mit den Kindern zu gestalten und sich auf das Erlebnis einzulassen, gemeinsam mit ihnen in ihre Welt einzutauchen und sie wirklich zu sehen, anstatt hinterherzulaufen und zu hoffen, dass es bald Abend ist. Vielleicht kommen dir diese Gedanken bekannt vor...

Tipp 7: Ressourcen sammeln

Für ein langfristig hohes Energielevel braucht es nicht nur Zeit zur Regeneration und schöne Erlebnisse, sondern auch gute Gedanken und die Überzeugung, dass man so, wie man ist, gut ist. Viele Mütter verlieren im Laufe ihrer Familienphase an Selbstbewusstsein. Sie bekommen kein positives Feedback mehr und es fehlen oft der Austausch mit Kollegen sowie Erfolgserlebnisse im Alltag. Niemand sagt zu Hause: „Wow, du hast ja toll die Fenster geputzt!" oder „Na, das hat aber bestimmt Mühe gekostet, dieses leckere Essen zu kochen." Ich weiß nicht, wie es dir geht, aber viele Mütter brauchen beim Wiedereinstieg erst einmal eine Weile, bis sie wieder richtig angekommen sind und für sie ist der Arbeitsbeginn oft mit Zweifeln und Ängsten verbunden. Je länger die Pause, desto größer die Herausforderung.

Eine hervorragende Übung, um dir deine Stärken und Talente selbst bewusst zu machen (und dich selbstbewusst zu machen ;-)) ist folgende Ressourcenübung, wie ich sie nenne. Eine Freundin hat mich darauf gebracht, weil sie für einen Auftraggeber aufschreiben musste, welche Erfahrungen sie bereits in ihrer Tätigkeit gesammelt hat.

Sie rief mich danach total beschwingt an und erzählte mir, wie gut sie sich danach gefühlt habe. Vieles habe sie gar nicht mehr gewusst, und es sei erst beim Schreiben wieder hochgekommen. Sie war selbst erstaunt, was sie schon alles gemacht und geleistet hat. Dieses stärkende Gefühl kannst du dir auch jederzeit hervorrufen, indem du folgende Übung machst und dein Ergebnis im Anschluss immer mal wieder anschaust. Gerade in den Momenten, in denen du an dir zweifelst.

Ressourcenübung

Schreibe bitte auf ein Blatt/ in dein Schatzbuch all die Dinge,
- die du beruflich schon geschafft hast
- die du im Privaten gut gemeistert hast
- sportliche Leistungen
- gemeisterte Herausforderungen in deinem Leben
- nette Dinge, die mal jemand zu dir gesagt hat
- Komplimente, die du bekommen hast

Frage danach bitte mindestens drei Leute, was sie am meisten an dir schätzen und schreibe auch diese Dinge auf.

Vielleicht hast du auch Arbeitszeugnisse, Abzeichen oder Urkunden, die dich an deine früheren Erfolge erinnern.

Kurzum: Krame alles hervor, was dich stolz macht und wofür du dir auf die Schulter klopfen kannst.

Die wahrscheinlich größte Leistung hast du aber vollbracht, indem du dein wunderbares Kind/ deine Kinder zur Welt gebracht und bis zum heutigen Tag liebevoll versorgt und aufgezogen hast. Nur wer selbst Mama oder Papa ist, kann beurteilen, was es heißt, teilweise 24 Stunden am Stück „im Dienst" zu sein, nachts mehrfach aufzustehen und zu trösten, obwohl man so müde ist, dass man kaum mehr die Augen öffnen kann und sich und seine Bedürfnisse über einen langen Zeitraum ganz weit hinten anzustellen.

Allein darauf kannst du so unglaublich stolz sein.

Tipp 8: Mach Schluss mit negativen Glaubenssätzen (tiefliegenden Überzeugungen)

Und zu guter Letzt bleibt dein Akku voll, wenn du ihn dir nicht selbst durch negative Gedanken und Überzeugungen leer ziehst. Vielleicht kennst du auch diese Gedanken, diese Stimme, diesen inneren Nörgler, der pausenlos kommentiert, was gerade nicht läuft, warum du es besonders schwer hast, was du alles falsch machst und überhaupt, warum du nicht schön, schlank, schlau genug, keine gute Mutter bist oder deine Karriere vergeigt hast.

Für fast alle Dinge, die aktuell in deinem Leben sind, hast du dich bewusst entschieden (ich klammere hier ausdrücklich schlimme Schicksalsschläge, Erkrankungen usw. aus). Du hast dir genau den Mann oder die Frau an deiner Seite ausgesucht, du hast dich (vermutlich oder hoffentlich) für dein Kind/ deine Kinder entschieden, du hast dich für deine Ausbildung entschieden oder aber dafür, zugunsten der Familie deinen Job aufzugeben. Du hast Schokolade gegessen statt Salat, Chips statt Nüssen und Cola statt Wasser getrunken.

Kommt in dir gerade ein bisschen Widerstand auf? Das kann ich gut verstehen, weil ich dieses Gefühl auch kenne. An manchen Tagen ist es einfach schön, sich auch mal selbst zu bemitleiden und „die Anderen" für seine Probleme verantwortlich zu machen. Dann esse ich auch zu viel Schokolade, trinke zu viel Kaffee und gebe mich Gedanken hin, die mich kein Stück weiterbringen. Muss auch mal sein. Wichtig ist nur, dass man sich darüber bewusstwird und schnell wieder aus der Opferrolle herauskommt. Du bist der Kapitän oder viel besser die Kapitänin deines Lebens und du gehörst ans Steuerrad. Du triffst deine Entscheidungen und du bist verantwortlich. Nicht dein Mann, deine Eltern, dein Chef oder sonst irgendwer. Und auch wenn du eine schwere Kindheit hattest oder traumatische Dinge erlebt hast. Heute ist heute und du kannst jeden Tag neu entscheiden, wer du sein möchtest und wie du dein Leben ab sofort gestalten möchtest. Wenn dich Dinge aus der Vergangenheit immer wieder einholen, dann hole dir

Hilfe, schaue zurück, räume auf und gucke dann wieder nach vorne. Wenn du ständig in der Vergangenheit hängst, trägst du die negativen Gefühle von früher mit dir herum und bremst dich permanent aus. Ein guter Einstieg, mit negativen, dich hemmenden Gedanken abzuschließen, ist die folgende Arbeit mit Glaubenssätzen, die auch tatsächlich so heißt. The Work. Byron Katie hat eine Methode mit vier Schlüsselfragen entwickelt, die ich dir gerne mit an die Hand geben möchte. Wenn du tiefer einsteigen und die komplette Technik erlernen möchtest, kann ich dir eines der vielen guten Bücher von Byron Katie zu diesem Thema empfehlen. Für mich reicht im Alltag oft die Grundstruktur, die folgendermaßen aussieht:

Die vier Fragen am Beispiel des Glaubenssatzes:

„Ich bin keine gute Mutter."

1. **Bist du dir sicher, dass du keine gute Mutter bist?**
   Mögliche Antwort: „Ich denke schon...ich bin öfter genervt und letztens habe ich meinen Sohn sogar angeschrien. Danach habe ich mich so schlecht gefühlt."

2. **Bist du dir zu <u>100%</u> sicher, dass du keine gute Mutter bist?**
   Mögliche Antwort: „Naja, nein, also 100%...das kann ich nicht wirklich sagen. Ich gebe mir schon Mühe und liebe meine Kinder über alles...also dann eher nein."

3. **Wie fühlst du dich, wenn du denkst, dass du keine gute Mutter bist?**

> Mögliche Antwort: „Total schlecht. Ich denke, dass ich alles falsch mache, bin traurig und habe das Gefühl, einen Kloß im Hals zu haben. Ich glaube, versagt zu haben…"

4. **Was könntest du stattdessen denken?**

> Mögliche Antwort: „Dass ich eine gute Mutter bin, die ihre Kinder über alles liebt. Aber eben auch nur ein Mensch mit Gefühlen, Wünschen, Bedürfnissen und dass es okay ist, wenn ich auch mal meine Grenzen aufzeige. Ich denke, dass ich auch, wenn ich nicht perfekt bin, für meine Kinder da bin und dass ich alles, was in meiner Macht steht, tue, damit sie glücklich und gesund aufwachsen können."

Klingt doch gleich ganz anders, oder?

Du selbst hast die Wahl, welche Gedanken du in deinen Kopf lässt bzw. welche dort ungehindert ihr Unwesen treiben dürfen. Mit der Zeit und etwas Übung wirst du aufmerksamer, was in dir vorgeht und kannst bewusst gegensteuern. Natürlich soll man keine Probleme schönreden und Dinge, die absolut nicht gut laufen, wegwischen oder verdrängen, aber gerade in Fällen, in denen es sich um offensichtlich unwahre und destruktive Gedanken handelt, solltest du unbedingt einschreiten. Was, wenn du es nicht tust?

Du raubst dir Energie, du bist traurig, voller Selbstzweifel und trägst diese Gefühle durch deinen Alltag. Deine Körperhaltung wird sich entsprechend anpassen, was sich wiederum auf dein Gemüt auswirkt. Irgendwann glaubst du vielleicht, dass du zu überhaupt nichts zu gebrauchen bist. Und woher kommt das alles? Es sind nur deine Gedanken... Daher nutze bitte dieses Tool, wenn du dich irgendwie schlecht fühlst. Höre mal in dich hinein, woher diese Traurigkeit, Wut oder Verzweiflung kommt und identifiziere den Glaubenssatz, der dahintersteht. Mit den vier Fragen, kannst du ihn jetzt entkräften und dir einen besseren suchen. Heinz Erhardt hat einmal gesagt, „Glauben Sie nicht alles, was Sie denken." Und damit hatte er sowas von recht.

Also, lass die guten Gedanken herein, schüttele alles Negative ab, lächele und weiter geht's oder anders ausgedrückt: Hingefallen? Dann aufstehen, Krone richten, weiterlaufen ☺

Und was ist, wenn es mal so richtig schlecht läuft, du gefühlt kurz vor einem Nervenzusammenbruch stehst und am liebsten wie eine Rakete durch die Decke gehen würdest? Dann hilft vielleicht eine Portion Humor oder ein paar der folgenden Coachingtools, die ich dir im nächsten Kapitel vorstellen werde. Apropos Humor...es gab auch bei mir oft Situationen, in denen ich mir gedacht habe, „Jetzt kann nur noch ein Baum und eine Rolle Paketband helfen"...und das ist vollkommen okay, so lange es nur Gedanken bleiben. ;-)

Coachingtools für stürmische Zeiten

Die folgenden Coachingtools sind im Kontext Kindererziehung alle mehrfach von mir und meinen Klientinnen erprobt und für gut und hilfreich befunden worden. Ein Großteil der Techniken kommt auch aus dem NLP. Ich arbeite sehr gerne mit diesen Techniken, weil sie den Alltag um einiges erleichtern, Konflikte entschärfen und Ressourcen stärken können.

Wie du schon weißt, gibt es immer mehrere Möglichkeiten, wie eine Situation ausgehen kann. Die eine Frau steht schon am Rande des Nervenzusammenbruchs, während die andere noch lächelt und sagt „Puh, das ist aber heute heftig…". Das hat nicht nur etwas mit der Stressresistenz und Belastbarkeit zu tun, sondern vor allem mit der eigenen Wahrnehmung und dem inneren Dialog, also den Dingen, die man sich die ganze Zeit selbst erzählt. Situationen auch einmal aus einer Metaposition (Vogelperspektive) wahrzunehmen und das eigene Denken und Handeln kritisch zu hinterfragen ist eine Kompetenz, die jeder erwerben kann. Es braucht vielleicht ein bisschen Übung, aber das, was du dafür bekommst, lohnt den Einsatz allemal. Du entscheidest selbst, ob du dich als Opfer der Umstände siehst und alles, was dich gerade fordert, als Belastung wahrnimmst oder ob du dich selbst stärkst und die Hürden annimmst, weil du weißt, dass du es schaffen kannst.

Natürlich fällt es manchmal schwer, positiv zu denken, wenn man an einem Punkt völliger Erschöpfung steht oder alles mal wieder geballt kommt. Ehrlich gesagt, tut es auch gut, einfach mal zu jammern, zu schimpfen und dem

Unmut Luft zu machen. Wichtig ist nur, dass man nicht in diesem Stadium verharrt und sich selbst schnell wieder am Schopf aus der Situation herauszieht. Wenn du an einem Punkt bist, an dem du glaubst, es nicht alleine zu schaffen und auch die Tools, die ich dir im Folgenden beschreibe, nicht ausreichend Wirkung zeigen, dann hole dir einfach Hilfe. Es gibt so viele Möglichkeiten, Hilfe von außen zu bekommen, bis man selbst wieder richtig in der Spur ist. Du musst sie nur annehmen und dabei kein schlechtes Gewissen haben. Das kann ein Babysitter sein (z.B. gibt es sogenannte Babysitterbörsen, bei denen geschulte Jugendliche und junge Erwachsene für sehr kleines Geld helfen, weil sie sich auf eine Ausbildung oder ein Studium im sozialen Bereich vorbereiten), der dir Freiräume schafft, in denen du dich ausruhen oder deine Aufgaben erledigen kannst. Bei häufigen Konflikten kannst du eine Erziehungsberatung in Anspruch nehmen (frag mal bei deiner Stadt/ Landkreis nach, das Angebot ist kostenlos), die dir wichtige Impulse für eure individuelle Situation geben kann. Oder du vereinbarst ein Coaching, mit Hilfe dessen du insgesamt gestärkt wirst und lernst, widerstandsfähiger zu werden. Wenn dir diese Möglichkeiten nicht ausreichend erscheinen und du glaubst, dass deine Situation schon viel zu verfahren ist, überlege dir bitte, ob nicht auch eine therapeutische Begleitung sinnvoll sein könnte. Hilfe annehmen ist gerade in der Zeit, in der deine Kinder klein sind, eine sehr gute Idee. Egal, in welcher Form. Viele Menschen, und seien es Nachbarn oder Freunde, Eltern und Bekannte, helfen gerne, weil sie wissen, wie es bei ihnen selbst war. Alles ist besser als den Kopf in den Sand zu stecken. Und nie vergessen: Du tust es für dich und deine Kinder. Ihr wollt eure Zeit genießen

– sie kommt nicht wieder, denn schwupps...haben sie einen Schulranzen auf dem Rücken, sind nachmittags immer öfter verabredet oder machen den Führerschein. Jeder Tag ist kostbar. Mit allen Höhen und Tiefen.

Abschließend noch ein Satz zu den Herren der Schöpfung. Wenn du auch zu den Frauen gehörst, die lieber alles selbst machen, weil sie denken, ihr Mann erledige es weniger gut, sei zu nachlässig oder vergesse eh die Hälfte: Dein Mann erledigt die Dinge vielleicht anders als du, aber nicht unbedingt schlechter. Er ist vielleicht nicht ganz so vorsichtig, gibt euren Kindern aber dadurch die Chance, sich mehr auszuprobieren und mutiger zu werden. Vielleicht räumt er die Küche nicht ganz so gut auf und kocht auch nicht so gesund, aber...so what? Er unterstützt dich und schafft dir Freiräume. Lass los und gib deinem Mann öfter die Möglichkeit, sich einzubringen und zu zeigen, was für ein toller Papa er ist! Und wenn er selbst nicht auf die Idee kommt, sich mehr zu kümmern, dann bitte ihn einfach darum. Vielleicht nimmt er an, dass du es gar nicht wollen würdest. Hiermit sind wir wieder beim Thema Kommunikation...

Aber nun zu meinen Instanttipps, die du sofort anwenden kannst. Probiere sie einfach in unterschiedlichen Situationen aus und schau, was für dich am besten passt. Wie auch mit allen anderen Übungen und Coachingstools in diesem Buch ist es wie mit einem Buffet. Schau dir alles an und entscheide für dich, was du nehmen möchtest:

Tool 1: Metaposition/ Vogelperspektive

Ich kann mich noch genau an die Zeit erinnern, in der ich diese Technik häufig genutzt habe, insbesondere als meine Jungs noch sehr klein waren. Ich war müde, ich war genervt und ich wollte einfach nur mal eine Weile meine Ruhe haben, dass sie miteinander spielen und nicht dauernd streiten, dass sie einmal puzzeln, mit ihrem Spielzeug spielen oder ein Hörspiel hören und nicht die „Bude abreißen". Nur 30 Minuten, damit ich in Ruhe meine Arbeit machen kann. Die Metaposition habe ich immer dann eingenommen, bevor ich ins Kinderzimmer gegangen bin. Hätte ich es nicht gemacht, hätte ich die Kinder vermutlich ausgeschimpft, angeschrien oder was auch immer, weil ich einfach die Faxen dicke hatte. Wenn du dich in die Metaposition/ Vogelperspektive begibst, schaust du dir die aktuelle Situation von oben an, also dissoziiert (du siehst dich selbst von oben). Du schaust dir wie ein neutraler Beobachter an, als habe es nichts mit dir zu tun, was gerade zu sehen ist, wie du dort stehst, was du machst, wie die Situation sich entwickelt hat. Mit dieser Perspektive schaffst du zunächst Abstand, setzt eine kurze Pause und kannst nach diesem „Reboot", wie ich es nenne, neue, klare Gedanken fassen. Du kannst dir auch vorstellen, dass ein Stopp-Schild auftaucht und du erst einmal innehältst, um dich neu zu ordnen. Dann kannst du dir überlegen, wie diese Situation weitergehen soll. Durchatmen, aufrichten, Schultern nach hinten, lächeln und ich bin mir sicher, dass du nach dieser kurzen Intervention anders auf deine Kinder zugehen kannst, als wenn du einfach so hereingeplatzt wärst, um für Ruhe zu sorgen. Diese Technik ist für mich ein wahres Geschenk gewesen und ich nutze sie auch heute noch, wenn ich mir - auch in anderen Situationen – vorkomme, als wäre ich im Irrenhaus/ Kasperletheater oder sonst wo gelandet. Du kennst das vielleicht ☺

Tool 2: Mentorentechnik

Die Mentorentechnik passt sehr gut zur Metaposition und kann mit dieser kombiniert werden. Es geht darum, dass du dich in stressigen Situationen motivieren und inspirieren lassen kannst. Wie genau kann das aussehen? Überlege bitte einmal, wer in verschiedenen Lebensbereichen für dich als Vorbild gilt. Wen bewunderst du, weil er Eigenschaften besitzt, die du auch gerne ausbauen würdest? Wer reagiert in Situationen besonders gelassen, wer scheint für dich ein Fels in der Brandung zu sein? Wer geht in deinen Augen sehr gelassen und liebevoll mit seinen Kindern um? Diese Technik kannst du natürlich auf alle Lebensbereiche anwenden. Speziell für das Thema Mama-Sein passen eben die obigen Fragen sehr gut. Jetzt suchst du dir eine Person aus, stellst dir vor, dass sie neben dir steht oder du in irgendeiner Art und Weise Kontakt zu ihr aufnehmen kannst und dann überlegst du dir, wie diese Person wohl in deiner aktuellen (Stress) -Situation reagieren würde. Was würde sie anders, vielleicht besser machen und was kannst du dir davon abschauen? Du kannst dir auch vorstellen, dass diese Person neben dir steht, dir die Hand auf die Schulter legt oder dich umarmt und ein paar aufbauende Worte sagt. Die Worte, die du gerade brauchst. Welche Worte könnten das sein? Ob diese Person ein Bekannter, ein Freund, ein Star oder jemand aus deiner Familie ist (egal ob er noch lebt oder nicht), ist vollkommen egal. Entscheidend ist, dass es dir hilft, in einen besseren Zustand zu gelangen. Probiere es einfach mal aus!

Tool 3: Future Pace – Wie wird es dir in einem Jahr gehen, wenn du an heute denkst?

Der Future Pace ist in dieser Form, wie ich ihn hier beschreibe, auch eine Möglichkeit, inne zu halten, bevor man reagiert oder ganz allgemein, um sich zu stärken, wenn man ein paar Minuten Zeit hat, um über die aktuelle Lebenssituation nachzudenken.

Mit Sicherheit kannst du dich an Situationen und Phasen in deinem Leben erinnern, die dir damals unglaublich schwergefallen sind, vielleicht sogar Hindernisse, bei denen du erst nicht wusstest, wie du sie überwinden sollst. Je nachdem wie lange diese Ereignisse zurückliegen und wie du dich weiterentwickelt hast, schmunzelst du über diese Situation oder fragst dich, warum du dich damals so schwergetan hast. In der Situation selbst, in der einem das Wasser sprichwörtlich bis zum Hals steht, kann man oft nicht klar sehen, weil man nur auf das Problem fokussiert ist. Beispielsweise erzählte mir eine meiner Klientinnen mit Zwillingen, dass sie fix und fertig sei, weil immer eines der Mädchen schreie. Wenn sie koche, habe sie immer ein Baby auf dem Arm, während das andere weine. Das sind einfach Phasen, in denen es gilt, gut auf sich zu achten, wie oben beschrieben Hilfe anzunehmen und zum Beispiel die Future-Pace-Technik anzuwenden.

Stelle dir dabei vor, dass du deine Situation schon gut gelöst hast. Du bist ein paar Wochen, ein halbes Jahr oder sogar ein Jahr weiter und beim Beispiel der Zwillingsmutter liegen die Mädchen im Sommer draußen auf einer Decke, schauen sich die Blätter eines Baumes an und spielen zufrieden mit ihren Füßen. Dazu kannst du dir stärkende Sätze (Mantren – siehe weiter unten) sagen wie: „Ich schaffe das!" Und nie vergessen: Tief durchatmen.

Das nimmt sehr viel Druck und du siehst, dass es einfach nur eine Phase ist, die bald vorübergehen wird. Das tut unglaublich gut und ist in stürmischen Zeiten mitunter das Beste, was du tun kannst.

Tool 4: „Lächeltrick" – 60 Sekunden! Siehe Kapitel Karriereknick Tipp 4

Du erinnerst dich noch an die lustige Übung von Vera F. Birkenbihl? Zwischendurch immer mal wieder einbauen! Lächele deinen Ärger einfach weg ☺

Tool 5: Atemtechniken

Wichtiger Hinweis:

Falls du dich während der Atemübungen nicht gut fühlst, oder dir schwindelig wird, höre bitte auf zu üben und probiere es zu einem späteren Zeitpunkt noch einmal. Vielleicht ein wenig kürzer und steigere nach und nach die Wiederholungen. Solltest du schwanger sein, besprich die Atemübungen bitte vorab mit deinem Arzt.

Atmen und vor allem tiefes Atmen in den Bauch hinein ist so wichtig, um entspannt zu bleiben. Zu flaches Atmen bedeutet für den Körper zusätzlichen Stress. Du ziehst die Schultern hoch, atmest mehr in die Brust als in den Bauch und somit wird dein Körper nicht ausreichend mit Sauerstoff versorgt. Daher achte bitte zwischendurch immer darauf, dass du dir gezielt ein paar Minuten zum Durchatmen nimmst. Das verschafft dir eine Pause, tut dem Körper gut und du kannst mit neuer Energie durchstarten.

Es gibt ganz unterschiedliche Atemtechniken, die du für dich nutzen kannst. Ich möchte dir drei davon vorstellen. Fangen wir mit der einfachsten an:

1. Tiefe Bauchatmung

Nimm eine entspannte Haltung ein. Das kann im Sitzen, Liegen oder Stehen sein, je nachdem, welche Möglichkeiten du hast. Lege eine Hand auf deinen Bauch und atme tief durch die Nase ein. Beobachte, wie sich dein Bauch nach außen wölbt und achte dabei darauf, dass deine Schultern entspannt bleiben und du nicht flach in die Brust atmest. Atme danach durch den Mund wieder aus. Ganz entspannt. So lange, bis du automatisch den Impuls bekommst, wieder Luft zu holen. Lass den Atem einfach fließen und beobachte, wie sich die Hand auf deinem Bauch hebt und senkt, hebt und senkt. Dies ist übrigens auch eine schöne Achtsamkeitsübung und entschleunigt im Alltag ganz wunderbar.

2. Pranayama - die Wechselatmung

Die Wechselatmung ist eine Übung aus dem Yoga. Sie dient nicht nur der Reinigung, sondern bringt dich auch wieder zurück ins Gleichgewicht. Sie hilft dabei, innere Ruhe und Kraft zu finden.

Hierzu setzt du dich bequem hin und verschließt mit dem Daumen der rechten Hand das rechte und mit dem Ringfinger das linke Nasenloch. Öffne das linke Nasenloch und atme tief ein (4 Sekunden). Verschließe dann wieder das linke Nasenloch, halte kurz die Luft an (4 Sekunden) und atme dann durch das rechte Nasenloch aus (8 Sekunden). Atme durch das rechte Nasenloch wieder (4 Sekunden) ein, verschließe beide Nasenlöcher (4 Sekunden) und atme dann durch das linke Nasenloch (8 Sekunden) aus. Immer im Wechsel. Daher der Name Wechselatmung. Vier bis sechs Durchgänge. Wenn du magst, natürlich noch mehr. Schau, was dir guttut.

Für Fortgeschrittene:

Am besten übst du anfangs in Ruhe zu Hause. Später kannst du die Wechselatmung sogar in abgewandelter Form ohne das Verschließen der Nasenlöcher durchführen, indem du dich darauf konzentrierst, wie die Luft durch die eine Seite einströmt und durch die andere Seite ausströmt. Dann kannst du sie ganz unauffällig immer und überall für dich nutzen.

3. 4 - 7 - 8 – Atmung gegen Angst, Stress und innere Unruhe

Diese Übung ist sehr hilfreich, wenn du angespannt bist und dich innerlich unruhig fühlst. Sie ist so einfach, dass du sie wirklich überall, selbst an der Kasse im Supermarkt oder in einem Wartezimmer, durchführen kannst. Ein bis zwei Mal am Tag zwischendurch eingebaut bringt sie dir Ruhe, Gelassenheit und neue Energie.

Du atmest vier Sekunden lang durch die Nase ein, hältst für sieben Sekunden lang die Luft an und atmest dann acht Sekunden durch den Mund aus. Übe so lange, wie du Lust hast und es dir guttut.

Tool 6: Nimm das Blabla nicht so ernst (Veränderung auditiver Repräsentationen)

Wir haben bereits darüber gesprochen, wie die Gedanken dich positiv und auch negativ beeinflussen können. Vielleicht bist du bereits jetzt aufmerksamer geworden, welche Gedanken du in deinen Kopf hereinlässt, welche du am besten gleich wieder verscheuchst und welche du leicht umwandeln kannst. Aber was ist, wenn diese negative Denkspirale einfach nicht aufhört? Wenn du trotz aller Bemühungen keine Ruhe findest und deine innere Stimme ohne Punkt und Komma Bemerkungen ablässt, die dich nicht weiterbringen so wie „Jetzt liegt hier schon wieder so viel Zeug rum", „Wie soll ich das nur alles schaffen", „Nie habe ich Ruhe". Kommt dir das bekannt vor? Fakt ist, diese Gedanken bringen dich kein Stück weiter. Weder räumen sie die Berge an Bausteinen und andere Spielsachen vom Boden, noch sorgen sie dafür, dass du zu deiner wohlverdienten Entspannungspause kommst. Was kannst du also tun? Stefan Landsiedel[18] vermittelt in seinen Seminaren die folgende Technik mit dem Namen „Veränderung auditiver Repräsentationen". Was so kompliziert klingt, bedeutet einfach, dass du das, was du von deiner inneren Stimme wahrnimmst, so veränderst, dass es dich nicht mehr negativ beeinflusst oder blockiert.

---

[18] Gründer und Inhaber des Unternehmens Landsiedel NLP Training

Überlege dir bitte eine Person, egal ob Mensch, Comicfigur oder was auch immer, die du lustig findest oder die du partout nicht ernst nehmen kannst.

Hast du jemanden gefunden? Bei mir ist es zum Beispiel Olaf Schubert. Der mit dem Pullunder... ein unglaublich intelligenter, urkomischer und wunderbarer Mensch.

Wichtig ist, dass du jemanden findest, der entweder lustig klingt oder bei dem du denkst „Ach komm, erzähl du mal." Fällt dir jemand ein? Wunderbar!

Wende dich jetzt deinen negativen Gedanken und Bewertungen zu und stelle dir vor, dass die von dir ausgewählte Person diese Dinge zu dir sagt. Egal wie blöd es gerade läuft, du wirst deine Gedanken nicht mehr so ernst nehmen können, zu einer neutraleren Betrachtungsweise gelangen und im besten Falle sogar schmunzeln müssen.

Tool 7: Zustandsmanagement

Zustandsmanagement ist wieder ein Begriff aus dem NLP, der nichts anderes bedeutet, als dass du dich mit einfachen Mitteln selbst von einem geschwächten in einen energievollen Zustand bringen kannst.

Dabei helfen dir die folgenden Methoden:

Strategie 1: Power-Posing – Verändere deinen Körper

Unser Körper ist der direkte Zugang zu unseren Gefühlen und unserem inneren Erleben. Körper und Geist stehen dabei in ständigem Austausch. Wie du dich fühlst, beeinflusst deine Körperhaltung und andersherum beeinflusst deine Körperhaltung, wie du dich fühlst. Dieses Phänomen kannst du dir zunutze machen.

Wenn du dich schlecht fühlst, lässt du die Schultern hängen und läufst mit wenig Elan und gesenktem Blick. Das suggeriert deinem Gehirn, dass es dir nicht gut geht. Das beeinflusst wiederum deinen Hormonspiegel und somit deine Stimmung. Andersherum natürlich genauso und genau da wollen wir hin!

Wenn du gut drauf bist, gehst du aufrecht, mit viel Energie und spiegelst so deinen positiven inneren Zustand nach außen.

Nutze dieses Wissen und begebe dich in eine Energie gebende Körperhaltung.

Amy Cuddy, eine Professorin aus Amerika, hat 2010 an der Harvard Business School eine Studie durchgeführt, bei der sie herausgefunden hat, dass sogenannte Powerposen das Selbstbewusstsein verbessern, Ängste reduzieren und die Risikobereitschaft erhöhen. Dabei sollten Studenten für zwei Minuten eine sogenannte Powerpose einnehmen, wie zum Beispiel Arme nach oben strecken wie ein Marathonläufer, der durchs Ziel kommt oder breitbeinig wie ein Cowboy mit in die Seiten gestützten Armen hinstellen, Schultern nach hinten, Kopf nach oben. In ihrer

Studie fand sie heraus, dass sich durch diese Posen der Stresspegel (Kortisolspiegel) der Probanden senkte und der Testosteronspiegel stieg, was dazu führte, dass die Teilnehmer sich selbstbewusster fühlten. Die Veränderung des Hormonspiegels konnte in einer erneuten Studie im Jahre 2014 nicht sicher belegt werden, jedoch wurde bestätigt, dass die Körperhaltung die Stimmung beeinflusst. Das kannst du für dich nutzen. Im Berufsalltag, wenn du zum Beispiel einen Vortrag halten musst, aber natürlich auch zu Hause, wenn dir scheinbar die Decke auf den Kopf fällt.

Recke die Hände nach oben, gehe gerade und sage dir selbst Dinge, die dich im wahrsten Sinne des Wortes aufbauen. Erinnere dich an Momente, in denen du in dem erwünschten Gefühlszustand warst (Glück, Ruhe, Entspannung) und versetze dich in diese Zeit zurück. Du wirst verblüfft sein, wie diese Technik deinen Tag zum Positiven verändern kann. Es reichen wirklich nur zwei Minuten, um dich im Handumdrehen besser zu fühlen.

Vielleicht kannst du dich auch mit kleinen Klebezettelchen am Spiegel, am Kühlschrank oder im Büro daran erinnern, zwischendurch eine Pause zu machen und eine Power-Pose einzulegen. Und falls du mit anderen Kollegen zusammenarbeitest, geh einfach zur Toilette, alles andere könnte für Verwirrung sorgen. ;-)

Strategie 2: Ein bunter Strauß zum Auftanken (vgl. auch Oasen im Alltag)

Gerade in stürmischen Zeiten brauchst du zwischendurch kleine Dinge, die dich aufbauen und die dich augenblicklich besser fühlen lassen. So bleibst du in Balance, machst dir selbst eine Freude und hast einen Moment zum Durchatmen.

Nimm dir bitte deine Liste aus „Oasen im Alltag" zur Hand und suche dir die eine Sache, die dir gerade helfen kann, um dich in einen guten Zustand zu bringen.

Konzentriere dich nur auf diese eine Sache, sei ganz im Moment, atme tief durch und genieße deine Zeit!

Tool 8: Stressabbau –Laufschuhe an oder ab aufs Trampolin!

Für mich ist das beste Mittel gegen Stress und schlechte Laune Bewegung! Klar, das weiß jeder. Sport ist gesund und man sollte sich mindestens zwei bis drei Mal die Woche für ca. 30 Minuten sportlich betätigen. Die Bewegung, am besten an der frischen Luft, tut uns nicht nur so gut, weil wir unsere Muskeln aktivieren und der Körper mehr Sauerstoff aufnehmen kann, sondern besonders, weil beim Sport Stresshormone abgebaut werden.

Aber mal ehrlich: Welche Mutter schafft es, diese Zeit regelmäßig aufzubringen?

Dabei geht es so einfach. Du musst ja nicht extra in ein Fitnessstudio fahren, bei dem du je nach Wohnort mit Anfahrt, Umziehen, Duschen und allem für eine Stunde Sport zwei Stunden unterwegs bist. Du kannst deinen Sport ganz einfach in den Alltag einbauen. Wenn ihr ein Trampolin habt, dann nutze es einfach mit deinen Kindern zusammen. Das macht so viel Spaß und man hat gar nicht das Gefühl, Sport zu treiben. Dann ziehe ich mir noch ab und zu die Turnschuhe an, wenn mein kleiner Sohn mit dem Laufrad fahren möchte und flitze mit ihm ein paar Runden um den Block oder ins Feld. Ganz wunderbar, um auch tagsüber ein bisschen Stress abzubauen. Oder du wartest einfach, bis dein Schatz zu Hause ist, übergibst ihm die lieben Kleinen und verabredest dich mit einer Freundin zum Joggen, Walken oder Skaten. Macht zusammen sowieso viel mehr Spaß und das Wichtigste – je nach Alter deiner Kinder – du kommst mal raus!

Eine weitere Idee ist, morgens einfach eine halbe Stunde früher aufzustehen. Ich weiß, das kostet erstmal Überwindung, lohnt sich aber allemal. Auch wenn meine Nächte gefühlt eh zu kurz waren, habe ich von „meinen 30 Minuten" den ganzen Tag profitiert. Entspannt in den Tag starten, ein bisschen Bewegung, ein paar Minuten Meditation. Sammeln und Kraft schöpfen für den Tag. Probiere es einfach mal aus und fange mit 15 Minuten an!

Natürlich gab oder gibt es auch bei mir die Tage, an denen meine Kinder extrem früh wach sind und das mit der Morgenroutine nichts wird. Na dann ist es eben so...morgen ist ein neuer Tag.

Tool 9: Wunderkreis (Ankertechnik aus dem NLP)

Der Wunderkreis (oder magischer Kreis) ist eine tolle Technik, mit Hilfe derer du dich im Handumdrehen in den Zustand bringen kannst, den du dir gerade wünscht. Gelassenheit, Freude, Ruhe, Selbstbewusstsein. Je nachdem, was gerade hilfreich für dich ist. Du benötigst nur ein wenig Vorbereitung, damit du jederzeit auf deinen Wunderkreis zugreifen kannst, wenn du ihn brauchst.

1. Bitte überlege dir eine Situation, in der du dich genauso gefühlt hast, wie du dich im Falle des Falles fühlen möchtest. Es muss eine sehr starke, positive Emotion sein und eine Situation, an die du dich noch sehr gut erinnern kannst.
2. Überlege dir eine Farbe, die du gerne magst und die gut zur angestrebten Emotion passt. Dann stelle dir vor, dass auf der Erde vor dir ein Kreis in genau der Farbe liegt, auf den du dich später stellen kannst.
3. Gehe dann (noch außerhalb deines Kreises) mit geschlossenen Augen gedanklich zurück in diese

Situation und stelle dir vor, du wärest jetzt genau dort. Nimm mit den fünf Sinnen Hören, Sehen, Riechen, Schmecken, Fühlen wahr, was es in dieser Situation wahrzunehmen gibt. Wenn du beispielsweise am Strand bist, spürst du vielleicht Sonne und Wind auf der Haut, hörst die Wellen, siehst das Glitzern auf dem Wasser und möglicherweise riechst und schmeckst du auch etwas.

4. Nun intensivierst du alles, was du wahrnimmst, indem du dich noch mehr auf die Situation konzentrierst, vollkommen eintauchst, dir z.B. vorstellst, wie sehr du entspannst. Die Farben der Bilder lässt du intensiver werden und zoomst dir dein Bild einfach noch näher heran.

5. Intensiviere die Wahrnehmung noch weiter, genieße diese kleine Reise und mache einen Schritt nach vorne in deinen imaginären Kreis mit der Farbe deiner Wahl. Du bleibst nun hier genau in der Emotion und drehst den Regler, wenn möglich, noch ein kleines bisschen weiter auf.

6. Dann trittst du aus deinem Kreis heraus, öffnest kurz die Augen, stellst dir selbst eine Frage wie zum Beispiel welcher Wochentag heute ist oder was es gestern zum Mittagessen gab. Das dient als sogenannter Separator, also Unterbrechung, damit du die Emotion danach wieder aufs Neue „programmieren" kannst.

7. Danach wiederholst du Schritt fünf und sechs (insgesamt) mindestens drei bis vier Mal. Je öfter, desto besser. Lass dir dabei Zeit. Je sorgfältiger du dir deinen Wunderkreis anlegst, desto mehr wirst du später davon profitieren.

8. Dein Wunderkreis ist nun „aktiv". Was ist passiert? Du hast dir einen sogenannten „Anker" gesetzt. Ein Anker ist eine Reiz-Reaktionskopplung. Vielleicht kennst du das Experiment von Pawlow mit seinen Hunden und der Klingel? Das ist dasselbe Prinzip.

Ab jetzt kannst du deinen Wunderkreis jederzeit nutzen, wenn du gestresst bist und in einen besseren Zustand gelangen möchtest. Du stellst dir deinen Kreis mit der Farbe vor und machst einen Schritt hinein. Ich stelle mir dabei auch noch gerne vor, dass die Farbe wie in einem Science-Fiction-Film als Röhre um mich herum aufsteigt - wie beim Beamen. Irgendwie ist es ja auch ein bisschen so. Du weißt sicher, was ich meine. So einfach und so wirksam. Ich liebe diese Technik.

Wenn es dir schwerfallen sollte, diese Technik allein anzuwenden, kannst du dir natürlich auch von jemandem helfen lassen, der dich durch den Prozess hindurchführt.

Tool 10: Stärkende Fragen - Reframings

Die kommenden Fragen sollen dir in stürmischen Zeiten helfen, auf Kurs zu bleiben. Sie sollen dich dabei unterstützen, deinen Blickwinkel zu erweitern und dich wieder positiver zu stimmen. Ressourcen aktivieren, motivieren und über Durststrecken hinwegtragen.

Hier kommen die Fragen, die du dir stellen kannst, wenn es mal wieder heiß hergeht:

Was bringt diese Situation Gutes mit sich?

- Du erinnerst dich an das Blümchen auf dem Haufen Sch...? Meine Oma hat immer gesagt, „Es ist kein Ding so schlecht, es ist wo gut für". Damit hatte sie recht. Wie oft habe ich mich schon geärgert oder war enttäuscht und ein paar Wochen später habe ich gedacht „Gott sei Dank ist es so gekommen und nicht anders." Das Leben wird vorwärts gelebt und rückwärts verstanden, hat mal jemand gesagt. Auch hier ist etwas dran. In jeder noch so verfahrenen Situation kannst du etwas finden, das positiv ist und dich weiterbringt.

Was kannst du daraus lernen?

- Hier knüpfen wir gleich an. Aus jeder Situation, die sich dir zunächst als Hindernis oder Problem darstellt, kannst du etwas lernen und vermutlich wirst du auch daran wachsen. Je größer das Problem, desto höher der Lerneffekt und das Wachstum. Wenn du dir sprichwörtlich ein blaues Auge holst, dann weißt du in Zukunft, was du anders machen wirst. Wenn du auf der Nase liegst und krank wirst, weil du nicht auf dich geachtet hast, hast du Zeit, dir Gedanken darüber zu machen, was du in Zukunft anders machen kannst.

Gab es früher schon Situationen, die du gut gelöst hast?

- Oft hilft es, einfach ein wenig in der Erinnerung zu kramen. Wenn du vor einer Situation stehst, die dir sehr viel abverlangt und bei der du dich fragst, ob du das überhaupt schaffen kannst, dann geh bitte einmal gedanklich auf die Suche nach Ereignissen aus der Vergangenheit, in denen du genau das schon einmal geschafft hast oder aber eine vergleichbare Situation. Wann hattest du das Selbstvertrauen, die guten Nerven, die tolle Idee oder was auch immer, was dir genau jetzt helfen kann? Das schafft Selbstvertrauen und Motivation. Viele gute Erinnerungen sind manchmal nicht direkt aus dem Bewusstsein abrufbar. Man muss ein wenig wühlen…es lohnt sich!

Wie ist die Situation im Verhältnis zu deinem ganzen Leben?

- Deine Kinder haben „Magen-Darm", und dir geht es auch total schlecht? Wenig Schlaf, Weinen, keine Ruhepausen? Keine schöne Vorstellung und eine der Situationen, die uns Mamas sehr viel abverlangen. Damit man sich nicht in so einen „Jammer-Abwärtsspiralen-Tunnel" hineindenkt oder redet, kann man sich sagen: „Hey, das ist jetzt gerade keine gute Zeit, aber was sind diese paar Tage im Vergleich zu meinem ganzen Leben? In ein paar Wochen werde ich es schon vergessen haben." Durchhalten und nach vorne schauen. Das hilft! Kombiniert mit ein bis zwei anderen Tools bist du im Handumdrehen wieder fit für diesen Sprint!

Wie würde sich dein Vorbild verhalten?

- Hier kommt wieder die Mentorentechnik zum Einsatz, die du bereits kennengelernt hast. Frage dich in dem kritischen Moment, in dem du Unterstützung gebrauchen könntest, was dein Vorbild tun würde. Wie würde es aussehen, wie würde es sich verhalten, was würde es sich selbst sagen?

  Und jetzt bitte keine Einwände von wegen, naja die oder der hat ja auch total viel Kohle und hat Leute, die ihn oder sie unterstützen. Es geht nicht um das Drumherum. Es geht um die Persönlichkeit. Was würde diese Person mit ihrer Persönlichkeit tun, wenn sie exakt in der Situation wäre, in der du jetzt bist?

Tool 11: Tagträume – dein Film

Die Energie folgt der Aufmerksamkeit. All das, worauf du deine Aufmerksamkeit richtest, wird größer. Wenn du einen leichten Schnupfen hast und ständig darüber nachdenkst und dich ärgerst, dass er da ist, dann wirst du wahrscheinlich länger damit zu tun haben als jemand, der ihn wahrnimmt, sich aber keine weiteren Gedanken darüber macht. Wenn du dich mit einer Sache gedanklich sehr intensiv beschäftigst, erhöhst du die Wahrscheinlichkeit, dass sie so eintritt, wie du sie dir vorstellst. Egal, was auf der Welt jemals erschaffen wurde, am Anfang stand immer ein Gedanke. Du selbst bist der Regisseur deines Lebens und kannst entscheiden, in welche Richtung es gehen soll. Extrem viele erfolgreiche Menschen arbeiten mittlerweile mit Techniken wie Meditation, Visualisierungen, Vision Boards und Co. Sie stellen sich täglich genau das sehr intensiv vor, was sie sich in ihrem Leben, für ihre Firma, für ihre Familie etc. wünschen. Sie lassen vor dem inneren Auge ihren Film ablaufen, in dem alles genau so stattfindet, wie sie es sich erträumen. Diese Möglichkeit kannst und solltest du auch für dich nutzen. Am besten morgens, wenn du aufwachst und noch die Augen geschlossen hast oder abends, bevor du einschläfst. Tagsüber kann dir so ein kleiner Tagtraum helfen, dich neu zu motivieren und dir über eine schwierige Situation hinweg zu helfen. Konzentriere dich auf das Positive und erschaffe dir gedanklich das Leben, welches du in einem, in zwei, in fünf oder in zehn Jahren leben möchtest.

Und auch hier gilt wieder: Wir wollen uns nicht alles schönreden, aber schlechtreden und schlechtdenken bringt uns nicht weiter. Es blockiert und kostet Energie. Ändere, was du sofort ändern kannst und an allem anderen kannst du arbeiten.

Was würde passieren, wenn du keine Angst hättest, Geld keine Rolle spielen würde und du dir mehr zutrauen würdest? Wie würde dein Leben aussehen, wenn du dir erlaubtest, absolut glücklich zu sein und dein Umfeld dich bestärkte? Male dir deinen Film so schön wie möglich aus und falls sich nicht alles in deinem Leben manifestieren wird, was du dir vorstellst, so ist es dennoch eine schöne

Möglichkeit, eine kleine Pause im stressigen Alltag zu machen und dir wieder ein Lächeln ins Gesicht zu zaubern. Film ab! ☺

Tool 12: Mantren (Einzahl Mantra)

Mantren sind dich stärkende Sätze, die du dir selbst immer wieder sagen kannst, wenn du in einer schwierigen Situation bist. Sie sollen dir Kraft, Zuversicht und Energie verleihen und sind allemal besser als negatives „Dauerblabla", welches die Situation kein Stück verbessert. Suche dir die Sätze, die für dich gut passen und die dir in stressigen Situationen helfen können. Verlasse kurz das Zimmer, in dem sich deine Kinder befinden, atme tief durch, sage dein Mantra, lächele und weiter geht's.

Hier sind ein paar Beispiele für dich:

- Es ist eine Phase. Mein Kind kann gerade nicht anders. Es braucht meine Hilfe.
- Für mein Kind bedeute ich die Welt. Es braucht mich. Ich schaffe das.
- Ich bin eine gute Mutter und bin allen Herausforderungen gewachsen.
- Ich schaffe das, ich schaffe das, ich schaffe das!
- .....
- .....

<u>Platz für deine persönlichen Mantren</u>

-

-

-

-

Wow! Ganz schön viel Handwerkszeug, oder? Welche beiden Tools sagen dir am meisten zu und welche möchtest du auf jeden Fall heute oder in den nächsten Tagen ausprobieren? Schreibe sie bitte am besten gleich in deinen Kalender oder auf ein post-it.

Bevor wir in den Endspurt gehen und du dir deine Ziele, Träume und Wünsche aufschreiben darfst noch ein kleiner Schwenk zu unseren Kindern.

Man kann sie nie genug dabei unterstützen, zu glücklichen, starken und verantwortungsbewussten Menschen zu werden.

So machst du deine Kinder stark

Vor Kurzem habe ich bei einem Seminar von Maxim Mankevich[19] von einer amerikanischen Studie gehört, bei der herausgefunden wurde, dass ein junger Mensch bis zum Erwachsenenalter ca. 180 000 negative Botschaften hört. „Das kannst du eh nicht", „Lass das mal lieber bleiben", „In unserer Familie hat das noch nie einer geschafft", „Deine Schwester kann das besser", „Schuster bleib bei deinen Leisten". Somit wird das Potential, das jedes Kind mit auf die Welt bekommt im Laufe der Zeit auf ein Minimum zusammengedampft. Oftmals bleiben sie im Erwachsenenalter weit hinter ihren Möglichkeiten zurück, weil sie nicht mehr an sich selbst glauben. Wie der Elefant, der sich als kleines Baby erfolglos versucht hat von seinem Pflock mit Eisenkette zu befreien und es nun auch als ausgewachsener, starker Elefant nicht mehr probiert, weil er abgespeichert hat, dass er es sowieso nicht schaffen wird. Dabei könnte er den Pfahl wie ein Streichholz zerknicken...

Deshalb ist mir dieses Kapitel besonders wichtig, auch wenn es thematisch ein wenig „aus der Reihe tanzt". Das sollten wir in unserem Leben auch öfter tun!

Ein Teilnehmer des Seminars fragte daraufhin, wie man es schaffen könne, dass das eigene Kind nicht „von der Gesellschaft zerknüllt" werde. Die Frage konnte später aus Zeitgründen nicht mehr beantwortet werden. Ich habe mir allerdings noch lange darüber Gedanken gemacht und

---

[19] Erfolgstrainer und Coach

möchte mit dir teilen, wie ich meine Kinder begleite, schütze, tröste und stärke.

Was war heute der schönste Moment für dich?

Jeden Abend beenden wir den Tag mit einem schönen Buch und einem kurzen Gespräch darüber, wie der Tag gelaufen ist. Ich frage meine Söhne dann, was das Schönste an diesem Tag war und sie erzählen mir mit strahlenden Augen von ihrem Tageshighlight. Das hat in zweierlei Hinsicht positive Auswirkungen. Zum einen wird der Moment noch einmal emotional durchlebt und dein Kind teilt diesen Moment mit dir, was euch wiederum noch mehr verbindet. Zum anderen kann die positive Erfahrung die ganze Nacht in ihrem Unterbewusstsein arbeiten, weil es das Letzte ist, womit sie sich vor dem Schlafen beschäftigt haben. So bin ich mir sicher, dass meine Kinder mit positiven, stärkenden Gedanken einschlafen. Ein schönes Ritual.

Wenn andere sich ungerecht verhalten....

...hat das in den meisten Fällen nicht viel mit deinem Kind zu tun. Und ich finde, es ist nicht früh genug, den Kindern zu erklären, warum sich Menschen manchmal so anders verhalten, als man es erwartet.

Wenn zum Beispiel ein anderes Kind im Kindergarten über die Kleidung oder über das Spielzeug eines anderen Kindes lästert, erkläre ich meinem Sohn, dass das andere Kind vermutlich in Wirklichkeit gerne genau dieses Spielzeug gehabt hätte. Weil es dies aber nicht bekommen kann, versucht es, es dir miesezumachen.

Wenn Kinder andere Kinder mobben oder angreifen, dann haben die angegriffenen Kinder vielleicht etwas an sich, was sich die mobbenden Kinder auch wünschen würden oder worauf sie eifersüchtig sind. Manche Kinder wissen sich, wenn sie sprachlich noch nicht so gewandt sind, oft nicht anders zu helfen und fangen an zu schubsen, zu treten oder irgendwie gemein zu werden.

Ganz wichtig ist es immer, mit den eigenen Kindern darüber zu sprechen, wie sie die Situation wahrnehmen, was sie glauben, selbst zu dieser Situation beigetragen zu haben und wie sie es in Zukunft besser machen können. Was in Erinnerung bleiben soll:

Das ungerechte Verhalten anderer hat sehr oft nichts mit einem selbst zu tun. Es gibt ein schönes Sprichwort welches es treffender nicht beschreiben könnte: „Die Art und Weise wie dich jemand behandelt, sagt aus, was für ein Mensch er ist und nicht was für ein Mensch du bist."

Allein machen und mithelfen – wenn's mal wieder länger dauert....

Binde deine Kinder mit ein, wenn es die Zeit erlaubt. Auch wenn es länger dauert. Natürlich kenne ich selbst die Momente, in denen man es supereilig hat und man die Dinge am liebsten „mal eben schnell" selbst erledigen möchte. Auch wenn ich oft genervt war und hinterher in einem riesigen Chaos stand, habe ich schon früh begonnen, die Kinder bei den meisten Aufgaben, die ich zum Beispiel im Haushalt erledigt habe, mit einzubinden: Wäsche in die Trommel stopfen (ach, was da alles noch dazu gestopft wurde und auch welche Farbkombinationen ;-)), Kuchen backen, Zutaten beim Kochen in Töpfe und Schüsseln geben, Eier aufschlagen und auch mal mit dem Schäler hantieren. Klar, es kostet viel Energie und Zeit, aber dein Kind fühlt sich wichtig, eingebunden und ist unglaublich stolz auf all das, was es kann und wobei es dir geholfen hat.

Vielleicht kannst du auch lernen, mal Fünfe gerade sein zu lassen, andere Tätigkeiten einfach zu verschieben und dir ab und zu Zeit zu nehmen, gemeinsam mit deinem Kind die Dinge zu erledigen, die anfallen. Es zahlt sich aus! Als ich mal mit einer Grippe im Bett gelegen habe, hat mir mein damals vierjähriger Sohn eine Schüssel mit geschnittenen und gematschten Bananenstücken, Mandeln, Rosinen und Schokostreuseln zubereitet und ans Bett gebracht. Da geht einem doch das Herz auf, oder?

Okay…Küche aufräumen habe ich dann übernommen ;-)

Auch wenn du oft glaubst, dass dein Umfeld schon weiß, dass du es liebst, so sollte man es den Personen, die einem am Herzen liegen, öfter sagen.

Gerade Kinder brauchen Liebe, Lob und Anerkennung wie eine Pflanze das Licht und das Wasser.

Lobe dein Kind für seine Fortschritte und sei milde, wenn es auch mal Misserfolge gibt. Dein Kind sollte lernen, seine Schwächen und Fehler als Potentiale zum Lernen und Wachsen zu begreifen und von dir auch nach Rückschlägen und Misserfolgen liebevoll aufgebaut werden.

Sag deinem Kind, wie wichtig es dir ist, und dass du es liebhast. Gerade in stressigen Zeiten, in denen dein Kind vielleicht zudem auch noch anstrengend ist und du eigentlich gar keine Zeit oder keinen Nerv hast, solltest du dir eine kleine Auszeit für dich und dein Kind nehmen. Fünf Minuten absolute Aufmerksamkeit. Danach geht es entspannter weiter durch den Tag. Versprochen!

Sei echt!

Verleugne keine Emotionen, sonst lernen deine Kinder, dass sie sich nicht auf Ihre Wahrnehmung/ Intuition verlassen können. Wenn du einen schlechten Tag hast, wütend oder traurig bist, versuche es nicht vor deinem Kind zu vertuschen. Wenn die Mama weint, das Kind fragt, was los ist und die Mama antwortet „Ach nichts…" sind Kinder verwirrt und verunsichert. Sie nehmen etwas wahr, sehen, dass ihre Mama traurig ist und rote Augen hat, aber Mama sagt, dass alles okay sei. Da passt doch etwas nicht. Keine Mutter ist perfekt und es ist wichtig für deine Kinder zu sehen, dass du auch ein Mensch mit Emotionen bist, dass du auch mal wütend und laut wirst oder aber traurig und deprimiert bist und dass man das auch zeigen darf. Das gehört zum Leben dazu und ist vollkommen okay. Lieber authentisch bleiben und dem Kind zeigen, wie man solche Situationen gut lösen kann und sich selbst wieder aufbaut.

Und wenn man doch mal schimpfen muss...

...immer fair bleiben. Für mich ist Virginia Satir[20] ein großes Vorbild. Sie hat immer dafür plädiert, sich liebevoll und auf Augenhöhe zu begegnen. Dazu gehört auch, dass man dem Kind auf Augenhöhe gegenübertritt, wenn man mal schimpfen muss oder etwas zu besprechen hat. Also entweder gehst du nach unten und kniest dich zu deinem Kind oder du stellst es auf einen Stuhl. Du wirst einen Unterschied feststellen. Dein Kind wird auf Augenhöhe viel eher bereit sein, dir zuzuhören, als wenn du von oben herabschaust und dein Kind sich klein und machtlos fühlt.

Natürlich sollte man sich nach einem Streit auch immer wieder vertragen. Für uns sind es Minuten, für dein Kind

---

[20] amerikanische Familientherapeutin,1916-1988

fühlen sich die Minuten eines ungelösten Streits an wie Stunden.

Von Virginia Satir kommt auch das schöne Zitat: "Wir brauchen vier Umarmungen pro Tag zum Überleben. Acht Umarmungen pro Tag, um uns gut zu fühlen und zwölf Umarmungen pro Tag zum innerlichen Wachsen."

Na dann mal los….

Ab heute ….

Kennst du das? Du liest einen Ratgeber, bist danach hoch-motiviert und voller guter Vorsätze und dann? Nach ein paar Wochen kannst du dich nicht mehr wirklich daran er-innern, was eigentlich darinstand. Du weißt nur noch, dass es ein gutes Buch ist und dass du es eigentlich noch einmal zur Hand nehmen solltest.

Das soll dir mit diesem Buch nicht passieren, damit du dir Zeit und Energie sparst und auf deinem guten Weg bleibst.

Wie kannst du das schaffen?

Bitte notiere dir hier, jetzt wo alles noch ganz präsent ist, was du dir für die nächste Zeit vornimmst und welche In-formationen, Denkanstöße und eigenen Gedanken dir für die Zukunft wichtig erscheinen. Sammele bitte hierbei auch die Notizen, die du dir während des Lesens in dein Schatzbuch geschrieben hast und die Passagen, die du dir angestrichen hast.

Wenn du die wichtigsten Schlüsselinformationen an ei-nem Ort hast, schreibe dir bitte zusätzlich auf, welche Coachingtools du in dieser und der nächsten Woche aus-probieren möchtest. Erinnere dich am besten mit deinem Handywecker daran, damit deine guten Vorsätze nicht un-tergehen.

Darunter schreibst du dir die Ergebnisse aus dem Balan-cebarometer zusammen mit den Zielen, die du dir gesetzt hast (bitte vorab den Abschnitt aus dem Anhang zum Balance-Barometer lesen und bearbeiten). Setze dir realistische Ziele, die für dich messbar und gut erreichbar sind und dich ausreichend motivieren. Zwischenziele auf dem Weg sind sehr, sehr sinnvoll, weil dann nicht gleich ein Berg vor dir steht, sondern du immer wieder kleine Erfolge feiern kannst, was du dann bitte auch tust. Wo wir gleich beim Thema sind, der nächste Punkt:

Ab heute gönne ich mir in stressigen Phasen oder einfach mal zwischendurch Folgendes:

-
-
-

Du hast jetzt die Bestandsaufnahme deiner aktuellen Situation und die zu dir passenden Strategien schwarz auf weiß vor dir liegen.

Deklaration

Bitte verfasse dir aus deinen gesammelten Informationen auf einer halben Seite deine eigene Deklaration, die du dir morgens im Bad, beim Frühstück oder zwischendurch durchliest, damit du an deine Ziele erinnert wirst und auch in schwierigen Zeiten auf Kurs bleibst.

Das könnte in etwa so lauten:

Ich, (Name), bin es mir wert, glücklich zu sein. Ich entscheide mich dafür, jeden Tag mit guten Gedanken zu beginnen und meinen Kindern liebevoll zu begegnen. Ich weiß jetzt, dass ich alles in mir habe, was ich brauche, um ein erfülltes und glückliches Leben zu führen. Ich habe es verdient, mir selbst in Zukunft mehr Aufmerksamkeit zu schenken. Mit gutem Gewissen gönne ich mir die eine oder andere Auszeit, weil nur eine gesunde und entspannte Mama eine gute Mama und auch Ehefrau sein kann. Ab heute gebe ich gut auf mich acht....

Für den heutigen Tag nehme ich mir vor...

So werde ich mich verhalten, wenn mich etwas stört oder ärgert…

_____

Das tue ich nur für mich….

_____

Am Schluss schreibst du bitte ein bis zwei deiner Mantren dazu.

Natürlich kannst du deine Deklaration auch an einem Ort bei dir zu Hause aufhängen, an dem du sie ab und zu siehst, oder du trägst sie im Portemonnaie bei dir. Irgendwann wirst du sie nicht mehr brauchen, weil dir die Inhalte sprichwörtlich in Fleisch und Blut übergegangen sind.

Schlusswort

Liebe Leserin, wenn du bis zu diesem Punkt weitergelesen und die eine oder andere Coachingtechnik ausprobiert hast, hast du alles an der Hand, was du brauchst, um deinen Alltag entspannter zu gestalten und gesund zu bleiben, zwischendurch Kraft zu sammeln und dir und deiner Familie einfach eine gute Zeit zu bereiten. Achte immer gut auf dich und deine Bedürfnisse und lenke den Fokus auf die Dinge, die schön sind und für die du dankbar bist. Bewahre, wenn immer möglich, einen kühlen Kopf und verzeihe deinen Kindern, wenn sie sich eine Zeit lang danebenbenehmen. Genau wie bei den Babys[21] gibt es auch bei Kleinkindern und älteren Kindern immer mal wieder Phasen, in denen sie sich selbst nicht „grün" sind. Diese Phasen dauern oft nur ein paar Wochen. Da heißt es durchhalten.

Vergleiche dich bitte nicht mit anderen Müttern, die vermeintlich alles besser und perfekter machen, denn du weißt nie, wie es tatsächlich bei ihnen zu Hause aussieht.

Du machst tagtäglich einen super Job, gibst dein Bestes und wenn du auch mal einen Fehler machst - du bist auch nur ein Mensch. Und Menschen sagen eben auch mal Dinge, die einem hinterher leidtun. Was mir am Schluss noch ganz wichtig ist: All diese Hilfen, Tipps und Tools sind

---

[21] du kennst bestimmt das Buch „Oje ich wachse" von Hetty van de Rijt und Frans X. Plooij

dafür gedacht, das Hamsterrad ein wenig zu entschleunigen und eine positivere Einstellung und Sichtweise auf die Dinge zu bekommen. Sie sollen dich stärken, aufbauen und dir neue Kraft verleihen. Daher nochmal: Das bedeutet nicht, dass du dir extreme Situationen, die für dich nicht mehr tragbar sind, schönreden sollst. Wenn du an einem Punkt angekommen bist, an dem du glaubst, nicht weiter zu kommen, dann hole dir bitte Hilfe und ziehe die Konsequenzen. Frei nach dem Motto „Love it, change it or leave it.". Das gilt sowohl für den Beruf als auch für ungesunde Beziehungen.

Alle Inhalte dieses Buches sind von mir nach bestem Wissen und Gewissen zusammengetragen worden und sollen dich unterstützen, deinen eigenen harmonischen Weg zu finden.

Kinder sind das größte Glück und gleichzeitig fordern sie uns ab und zu bis an unsere Grenzen, manchmal auch darüber hinaus. Sie geben uns täglich Aufgaben, an denen wir wachsen können. Sie zeigen uns genau, wo unsere Defizite sind und was wir noch lernen können. Dafür dürfen wir ihnen Tag für Tag beim Aufwachsen zusehen, sie begleiten, beschützen, umarmen, lieb halten, ihnen Wurzeln und auch Flügel verleihen.

Genieße die Zeit mit allen Höhen und Tiefen. Die kleinen Schätze gehen schneller ihre eigenen Wege, als du denkst. Baue für euch ein solides Fundament für eine lebenslange, große Liebe!

Ich wünsche dir viele glückliche Momente, staunende Kinderaugen, eine große Portion Liebe, Ruhe, Entspannung,

Gelassenheit, viele Regenbögen und Sonnenuntergänge, unzählige Umarmungen und Momente, in denen man die Zeit anhalten möchte - einfach eine wunderbare Reise mit deinen Kindern.

Alles Liebe, deine Nadine

PS: Ich freue mich riesig über eine Nachricht von dir! Wenn du magst, schreibe mir doch gerne, ob und wie dir dieses Buch geholfen hat und was sich bei dir verändert hat. Für jeden Autor ist es schön, wenn sich ein Buch gut verkauft. Wenn es aber Herzen berührt und Leben verändert, ist das der schönste Lohn, den man sich wünschen kann.

Anhang

Bereits jetzt hast du einen prall gefüllten Rucksack an Techniken und Sichtweisen erhalten, die dir den Alltag so leicht wie möglich machen können. Du weißt, wie du dich selbst von einem schlechten in einen guten Zustand bringen kannst, wie du auch im größten Chaos einen kühlen Kopf bewahren und mit der Kraft deiner Gedanken Verantwortung für ein selbstbestimmtes Leben übernehmen kannst.

Wie versprochen findest du hier noch ein paar Coachingtools, die im Text erwähnt wurden und die ebenfalls dafür sorgen, dass du langfristig in Balance bleibst.

Tools zum Aufräumen, Weichen neu stellen und Weiterarbeiten.

Auf in den Endspurt!

1. Bestandsaufnahme – Balance – Barometer

Ganz am Anfang des Buches hattest du die Möglichkeit, deine aktuelle Lebenssituation anhand des Balance-Barometers einzuschätzen. Im Anschluss konntest du eintragen, welches dein Ziel ist. Wenn du alle Punkte der beiden Reihen von oben nach unten miteinander verbindest, wird schnell deutlich, wo du als erstes ansetzen solltest, damit du in Balance bleibst.

Nimm dir bitte einen Stift und trage jetzt, falls du schon ein wenig mit dem Buch gearbeitet hast, ein, an welcher Stelle du dich jetzt befindest. Vielleicht hat sich schon die erste Veränderung eingestellt. Falls du die Übungen und Tipps noch nicht ausprobiert hast, warte ein paar Wochen und nimm dir das Barometer dann erneut vor. Dies ist eine Übung, die dir ab sofort als Begleiter zur Seite stehen sollte. Egal in welcher Lebensphase du dich gerade befindest, es lohnt sich immer, zwischendurch zu schauen, ob alles im wahrsten Sinne des Wortes im Lot ist. Du kannst das Barometer jederzeit um Fragen und Lebensbereiche ergänzen.

Erweiterung:

Du hast jetzt schwarz auf weiß, in welchen Bereichen es sich lohnt, genauer hinzuschauen.

Überlege dir bitte jetzt, welche Schritte du genau tun kannst, damit du von deiner Ausgangsziffer zu deiner Zielziffer gelangen kannst.

Dabei helfen dir die folgenden Fragen:

- Was kann ich selbst anders machen?
- Wer könnte mir dabei helfen?

Schreibe dir bitte auf, was du dir vorgenommen hast und lies es dir – wenn möglich – täglich mindestens einmal durch, damit es nicht in Vergessenheit gerät.

Das Balance-Barometer zeigt dir an, wie sehr du momentan im Gleichgewicht bist. Es kann sein, dass manche Bereiche deines Lebens sehr positiv sind und damit für eine gewisse Zeit andere, schwächere Bereiche ausgleichen können. Langfristig solltest du jedoch eine gute Balance anstreben, damit du auch in herausfordernden Zeiten auf Kurs bleiben kannst.

2. Not-to-do-list

Befreie dich von Tätigkeiten und Dingen, die nicht wichtig sind und dir unnötig Zeit rauben. Mache bitte eine Bestandsaufnahme der Dinge, mit denen du täglich deine Zeit verbringst. Ganz ehrlich. Diese Übung ist für dich, und jede Handlung ist wichtig. Auch wenn es nur fünf Minuten sind, die du in eine Aufgabe investierst, rechne das mal auf eine Woche, einen Monat oder ein Jahr um. Wo geht Zeit verloren, die du viel besser in deine Familie, deine Erholung oder deine Lebensziele investieren könntest?

Danach nimm dir bitte einen Textmarker und streiche die Dinge an, die du in Zukunft nicht mehr machen möchtest, weil sie nicht wichtig sind.

So erstellst du dir deine persönliche Not-to-do-list. Du wirst sehen, wie viel Zeit und Freiräume du auf einmal für die wirklich wichtigen Dinge im Leben hast.

Streiche bitte auch die Dinge in einer anderen Farbe an, die du eventuell abgeben oder auf einen späteren Zeitpunkt verschieben könntest. Das entstresst deinen Alltag enorm! Frage dich:

Bin ich wirklich für all diese Aufgaben verantwortlich? Wie könnte ich es mir einfacher machen?

Ich habe zum Beispiel anfangs auch geglaubt, dass ich all das Obst aus unserem Garten irgendwie verarbeiten muss. So habe ich Stunde um Stunde damit zugebracht, Äpfel zu schälen und Apfelmus zu kochen. Das mache ich bestimmt in zwei bis drei Jahren wieder, wenn die Jungs größer sind. Jetzt ist mir die Zeit zu schade. Die Äpfel, die wir nicht essen können, bringen wir zum Apfelsaftpressen und kaufen zum Essen das Bioapfelmus aus dem Supermarkt. Schmeckt auch, ist im Vergleich zu Strom, Aufwand und Zeit beim Selbermachen ein gutes Geschäft und schafft mir einige Stunden Freizeit. Wo geht bei dir aktuell zu viel Zeit verloren?

Weitere Beispiele:

- Ständig erreichbar sein
- Jeden Abend fernsehen
- Mehrfach täglich ziellos in Social Media herumsurfen
- 10 Mal am Tag Emails checken
- Dinge einfach irgendwo ablegen, statt sie direkt an ihren Ort zu räumen

- Fast Food essen
- Bügeln, was nicht zwingend gebügelt werden muss (Bettwäsche, Unterwäsche,...)
- Zeit mit Menschen verbringen, die mir Energie rauben
- Ja sagen, wenn ich Nein meine
- Werbeprospekte lesen
- ...

Meine persönliche Not-to-do-list:

_____

_____

_____

_____

_____

_____

_____

_____

In einer dritten Farbe streichst du dir bitte nun noch die Dinge an, die dir gutgetan haben, dich glücklich machen oder nach denen du dich besser gefühlt hast. Das sind genau die Dinge, von denen es in den neu entstandenen Freiräumen mehr sein darf!

3. Ikigai – Finde die Aufgabe, die dich wirklich glücklich macht

Diese Übung ist für dich, wenn du aktuell in deinem Beruf nicht glücklich bist und eine Veränderung anstrebst:

Was ist nun dieses Ikigai?

Laut Wikipedia ist **Ikigai** (japanisch: Lebenssinn) frei übersetzt „das, wofür es sich zu leben lohnt", „die Freude und das Lebensziel" oder salopp ausgedrückt „das Gefühl, etwas zu haben, für das es sich lohnt, morgens aufzustehen".

Immer mehr Forscher versuchen die Geheimnisse der Menschen zu entschlüsseln, die sehr alt werden und dabei bis ins hohe Alter gesund und klar im Kopf bleiben wie z.B. die Einwohner der japanischen Insel Okinawa. Eines davon ist die Tatsache, dass diese Menschen eine Aufgabe haben, die ihren Tag mit Sinn erfüllt. Etwas, was sie glücklich macht, motiviert und - wie oben schon beschrieben - es ihnen leicht macht, morgens aus den Federn zu steigen. Wann hast du das letzte Mal für eine Sache so sehr gebrannt, dass du am liebsten gar nicht ins Bett gegangen wärst, weil du gerne weiter gemacht hättest? Wobei vergisst du alles um dich herum? Wobei fliegt die Zeit nur so dahin?

Mit dem Ikigai kannst du der Sache näherkommen, weil hier sichtbar wird, wo deine Leidenschaften, Stärken, Werte, Talente und Ressourcen liegen. Das Ikigai dient quasi als Wegweiser für die nächsten Schritte, die du beruflich gehen kannst.

Abbildung 2: Ikigai

Zeichne dir bitte das Ikigai aus der Abbildung auf ein gro-ßes Blatt Papier oder in dein Schatzbuch und beant-worte, vielleicht auch mit Hilfe einer Freundin oder dei-nes Partners, jeweils auf einem separaten Blatt folgende Fragen.

Was du liebst

1. Was hast du schon als Kind gerne getan? (Frage hierzu bitte auch mal deine Eltern!)
2. Wobei hast du als Kind die Zeit vergessen und tust es bis heute noch?
3. Wenn du nur noch ein paar Wochen zu leben hättest, womit würdest du deine Zeit verbrin-gen?
4. Wann bist du im „Flow"?
5. Worüber könntest du dich stundenlang unterhal-ten?
6. Wenn Geld keine Rolle spielen würde, womit würdest du dich den ganzen Tag beschäftigen?

Was du gut kannst

7. Wofür wurdest du als Kind gelobt/ hast Anerken-nung erhalten?
8. In welchen Schul- oder Studienfächern warst du besonders gut?
9. Was würden andere sagen, wo deine Talente lie-gen?
10. Worin bist du besser als andere?
11. Hast du außergewöhnliche Talente?

Was gebraucht wird

12. Was kannst du, was andere Menschen gebrauchen können?
13. Was kannst du, was anderen Menschen hilft?
14. Was glaubst du, welche deiner Eigenschaften oder Talente dazu beitragen könnten, dass die Welt um dich herum ein wenig besser wird?

Wofür du bezahlt wirst

15. Welchem Beruf gehst du derzeit nach?
16. Wofür würden andere Menschen dir Geld bezahlen?
17. Woher beziehst du aktuell dein Einkommen?
18. Welche Einnahmequellen hast du noch?
19. Welche Einnahmequellen könntest du noch erschließen?

Trage nun deine gesammelten Ergebnisse in den entsprechenden Ringen im Ikigai ein.

Du kannst Dinge, die zusammenpassen oder sich doppeln farbig markieren oder einkreisen. Somit ergeben sich eventuell schon erste Hinweise auf eine neue Richtung.

Wenn alle vier Bereiche ausreichend gelebt werden, hast du dein Ikigai gefunden. Nur eine Aufgabe, bei der alle vier Bereiche annähernd ausgeglichen sind, ist eine Aufgabe, bei der du langfristig in guter Balance bleibst.

Wenn du bei der Arbeit mit dem Ikigai feststellst, dass es in ein bis zwei Bereichen noch hakt oder diese Tätigkeit für dich aktuell noch nicht umsetzbar ist, kannst du nun zumindest mit entsprechenden Strategien darauf reagieren. Wenn du also etwas liebst und mit voller Hingabe daran arbeitest, der Output allerdings noch nicht gut genug ist, kannst du mit entsprechenden Weiterbildungen gegensteuern.

Wenn du mit der Aufgabe, die du liebst, derzeit noch kein Geld verdienst, kannst du dir eine Strategie aufbauen, mit der du in den nächsten Jahren dein Business weiter aufbauen kannst, oder aber wie dein Kandidatenprofil für Firmen so interessant wird, dass du eingestellt wirst.

Auch wenn es Zeit und oft auch Geld kostet, lohnt es sich für das Thema Berufswechsel – falls dieser für dich in Frage kommt – einen Fachmann oder eine Fachfrau zu Rate zu ziehen. Eine gute und kostenlose Unterstützung kann die Berufsberatung der Agentur für Arbeit und deren Berufswahltools sein. Alternativ kommt ein Berufswahlcoach in Frage.

Ein guter Tipp ist auch, sich mit anderen Frauen auszutauschen, die in der gleichen Situation waren oder schon ältere Kinder haben und denen der Wechsel gelungen ist. Frage sie, wie sie es geschafft haben, welchen Rat sie für dich haben und ob sie dich ggf. unterstützen können. Scheue dich nie davor zu fragen und um Hilfe zu bitten.

Wenn du mit der richtigen Einstellung losziehst und etwas wirklich möchtest, kommen Menschen in dein Leben, die dir Türen öffnen werden.

Ich wünsche dir viel Erfolg und Freude beim Entdecken!

„Obstacles are detours in the right direction"
– Gabrielle Bernstein

4. Wegweisende Fragen – Was wirklich zählt

Im Trubel des Alltags kann man schon mal leicht den Überblick verlieren. Die vielen Aufgaben des Tages und der unter Umständen wenige Schlaf sorgen dafür, dass du dich wie in einer Art Schuhkarton befindest und nur die kurz vor dir liegenden Aufgaben und die kommenden ein bis zwei Wochen im Blick hast. Um auf dem richtigen Kurs zu bleiben, ist es so wichtig, zwischendurch inne zu halten und eine Bestandsaufnahme zu machen, zum Beispiel in Form des Balancebarometers oder mit wegweisenden Fragen wie diesen hier.

Bitte ergänze hier gerne, was dir wichtig ist und welche Fragen dir noch einfallen:

1. Was möchtest du später über die Zeit mit deinen Kindern sagen?

2. Was möchtest du, woran sich deine Kinder später erinnern?

3. Was für eine Mutter möchtest du sein?

4. Was für ein Leben möchtest du führen?

5. Welches Talent, das unbedingt heraus in die Welt möchte, schlummert in dir?

6. Wenn du mit 95 Jahren in einem Schaukelstuhl im Garten sitzt und kurz davor bist einzuschlafen,

worauf möchtest du zurückblicken? Und nur einmal angenommen, du wärest jetzt schon dort im
Garten und feiertest deinen 95. Geburtstag: Welchen Rat würdest du dir für dein heutiges Ich geben?
Bitte schreibe dir diesen einen entscheidenden
Satz hier auf:

Schön, dass es dich gibt, und dass du jeden Tag dein Bestes
gibst!

Meine Buchempfehlungen für dich:

- „So geht's dir gut" und „Tu, was dir am Herzen
  liegt" von Andrew Matthews
- „Grenzenlose Energie - Das Power-Prinzip" –
  Anthony Robbins
- „Dein Neuanfang mit Ayurveda" – Dana
  Schwandt
- „Das Universum steht hinter dir" – Gabrielle
  Bernstein
- „Mögest du glücklich sein" – Laura Seiler
- „Unbox your life" – Tobias Beck

Literaturverzeichnis und Quellen

- Stefan Landsiedel; Scripte der NLP-Practitioner und NLP-Masterausbildung (2016/ 2017)
- Vera F. Birkenbihl; Vortrag "Pragmatische Esoterik" – Video auf Youtube
- John Strelecky; „The Big Five for Life"
- Dana Schwandt; „Dein Neuanfang mit Ayurveda"
- Anthony Robbins; „Grenzenlose Energie - Das Power-Prinzip"
- Andrew Matthews; „Tu, was dir am Herzen liegt"
- Hetty van de Rijt und Frans X. Plooij; - „Oje ich wachse"
- David Graeber; „Bullshit Jobs – vom wahren Sinn der Arbeit"
- Eric Worre, „Go Pro - 7 Steps to Becoming a Network Marketing Professional"
- Shelle Rose Carvet: „Wort sei Dank"

Über die Autorin

Nadine Kühn, geb. 1981, ist Coach und Trainerin für Kommunikation und Persönlichkeitsentwicklung (Schwerpunkt NLP) und lebt mit ihrem Mann und zwei Söhnen in Nordhessen.

Neben Privat- und Businesscoaching bietet sie Vorträge, Workshops und Seminare rund um die Themen Kommunikation und Persönlichkeitsentwicklung an. Ihre Arbeit ist stets von Respekt, Vertrauen und gegenseitiger Wertschätzung geprägt.

Danksagungen

Danke **Armin**, dass du an mich glaubst und für mich da bist. Danke für deine guten Nerven und dass du, wie Loriot empfiehlt, manchmal auf einem Ohr ein wenig taub bist. Danke, dass du an meiner Seite bist.

Danke an **unsere beiden Söhne**, ohne die dieses Buch nie entstanden wäre. Danke, dass ihr bei uns seid und unser Leben jeden Tag so besonders macht. Danke, dass wir mit euch lernen und wachsen dürfen. Wir lieben euch über alles!

Danke **Mama und Papa**, dass ihr mich immer unterstützt. Danke für eure Liebe und euer Vertrauen. Danke, dass ihr mir geholfen habt, zu dem Mensch zu werden, der ich heute bin.

Danke **Björn** für tausend und ein Telefonat im Entstehungsprozess dieses Buches, deine motivierenden Worte und einfach, dass du da bist. Was wäre ich ohne dich?

Danke **Carmen**, dass du mein Leben seit ein paar Jahren bereicherst, mich mit deinem Mut und deiner weltoffenen Art ansteckst, mir neue Perspektiven zeigst und wir gemeinsam durch Höhen und Tiefen gehen. Schön, dass es dich gibt!

Danke **Sabine und Christoph**, für all die lustigen Momente, die gemeinsamen „Achterbahnfahrten", die guten Gespräche und diese wunderbare Freundschaft.

Danke an all die vielen **Mamas**, die ihre Geschichten mit mir geteilt und mir ihr Vertrauen geschenkt haben.

Danke an **all meine lieben Freundinnen**, die immer für mich da sind, und mit denen ich mich gemeinsam weiterentwickele. Ihr seid wunderbar. Egal wie weit ihr entfernt seid!

Danke an alle **Erzieherinnen** in der Kita unserer Söhne, die den Kindern mit so viel Liebe, Aufmerksamkeit und Freude den besten Start ins Leben ebnen. Ihr habt euer Ikigai definitiv gefunden.

Zeitfracht Medien GmbH
Ferdinand-Jühlke-Straße 7
99095 Erfurt, Deutschland
produktsicherheit@kolibri360.de